논·술·세·계·대·표·문·학

11

# 노인과 바다

어니스트 헤밍웨이 | 박상란 엮음

킬리만자로의 눈

H 훈민출판사

〈노인과 바다〉의 배경이 된 바닷가

*The Best World Literature*

낚시를 좋아하던 헤밍웨이의 모습

소년 시절의 헤밍웨이

헤밍웨이의 생가

영화 〈노인과 바다〉의 한 장면

영화 〈무기여 잘 있거라〉의 한 장면

헤밍웨이가 살았던 아파트

영화로 만들어진 〈누구를 위하여 종은 울리나〉의 한 장면

〈킬리만자로의 눈〉의 배경이 된 아프리카 탄자니아의 킬리만자로 산 정상

*The Best World Literature*

가족과 함께 피크닉을 나온 헤밍웨이

## 구인환(丘仁煥)

서울대학교 사범대학 졸업. 동 대학원 졸업(문학박사)
서울대학교 명예교수, 소설가(현). 서울대학교 사범대학 국어교육연구소 소장(현)
문학과문학교육연구소 소장(현). 국제펜 한국본부 부회장(현)
한국소설문학상(1987). 예술문화대상(1994). 한국문학상(2000)
작품 〈숨쉬는 영정〉, 〈살아 있는 날들〉, 〈일어서는 산〉 외 다수

• **저서** 《한국단편소설의 이해》, 《한국현대소설의 비평적 성찰》,
  《고교생이 알아야 할 소설》, 《고교생이 알아야 할 세계단편소설》 외 다수

## 윤병로(尹柄魯)

성균관대학교 국어국문학과 졸업. 동 대학원 졸업(문학박사)
성균관대학교 교수, 문학평론가(현). 한국현대소설학회장(현)
한국문예학술저작권협회 이사(현). 한국간행물윤리위원회 위원(현)
한국펜 문학상(1987). 한국문학상(1988). 대한민국문학상(1989)
수필집 《나의 작은 애인들》 외 다수

• **저서** 《현대 작가론》, 《한국 현대 소설의 탐구》,
  《한국 근대 작가 작품 연구》, 《한국 현대 작가의 문제작 평설》 외 다수

## 홍성암(洪性岩)

고려대학교 국어국문학과 졸업. 한양대학교 대학원 국어국문학과 졸업(문학박사)
동덕여자대학교 교수, 소설가(현). 한국문인협회 회원(현)
한국소설가협회 이사(현). 국제펜 한국본부 소설분과 이사(현). 한민족 문화학회 회장(현)
창작집 《큰 물로 가는 큰 고기》, 《어떤 귀향》 외
대하역사소설 《남한산성》 (전9권) 외 다수

• **저서** 《문학의 이해》, 《현대 작가론》, 《한국 근대 역사소설 연구》 외 다수

기
획
·
감
수

아프리카의 초원 – 〈킬리만자로의 눈〉의 배경은
아프리카 초원이다.

# 논술 *세계대표문학*을 펴내며

21세기의 사회는 '**전자 문명 시대**'라 일컬어질 만큼 오늘날 전자 산업은 우리 생활의 거의 모든 분야에 다양하게 응용되고 있습니다. 출판 분야 또한 예외는 아니어서, 종래의 서책(Book) 대신에 이른바 '전자책(CD-ROM)'의 출간이 최근 들어 날로 증가하고 있습니다.

그러나 이러한 전자책은 영상 또는 모니터상으로 흥미 위주나 백과사전식 지식을 습득하는 데는 효과적일지 모르지만, 문학 공부를 위해서는 별로 도움이 되지 않습니다. 바꾸어 말하면, 문학 공부는 각 지면마다 살아 숨쉬는 표현 하나하나를 독자 자신의 머리로 음미하면서 작품을 읽어 나가는 가운데, 풍부한 상상력의 배양과 함께 작가의 의도와 그 작품의 내면을 깊이 있게 이해함으로써 이루어지는 것입니다.

이에 훈민출판사에서는, 자라나는 학생들이 범람하는 영상 매체에 길들여지기 전에, 어려서부터 유명한 세계문학 작품들을 책자를 통하여 감명 깊게 읽고 감상함으로써, 올바른 문학 공부의 기틀을 다지고, 아울러 전인 교육도 할 수 있도록 《논술 세계대표문학(전60권)》을 펴내게 되었습니다.

작품 선정은, 초·중·고등학교 국어 교과서와 역사 교과서에 실리거나 소개된 문학 작품을 중심으로 하되, 그리스 신화와 성경 이야기 등의 고전에서부터 중세·근대·현대에 이르기까지 세르반테스·세익스피어·톨스토이 등 세계 유명 작가들의 장·단편 소설들을 엄선·수록하였습니다. 또 세계의 명시도 별권으로 엮었으며, 특히 각 단락마다 '**논술 문제**'를 제시하여, 장차 대학입시를 비롯한 각종 '논술 고사'에 예비 지식을 쌓을 수 있도록 배려하였습니다. 아무쪼록, 이 《논술 세계대표문학(전60권)》이 자라나는 학생들에게 문학 공부의 주춧돌이 되고, 나아가 미래를 살아가는 데 **정신적 자양분**이 되기를 진심으로 바라 마지않습니다.

훈민출판사

# 차례

# 노인과 바다

## 킬리만자로의 눈

### 헤밍웨이

지은이

1899~1961년. 미국 일리노이 주의 오크파크에서 출생. 1918년 제 1차 세계대전 중 이탈리아에서 적십자사 지원병으로 참여했던 경험을 바탕으로 〈무기여 잘 있거라〉를 썼다. 1921년에 파리로 간 헤밍웨이는 피츠제럴드, 파운드, 스타인을 비롯한 많은 미국 작가들을 만나 '잃어버린 세대'라 불리던 젊은 작가들의 그룹에서 중심을 이루었다. 1936년에 에스파냐 내전에 종군기자로 참여한 경험을 바탕으로 〈누구를 위하여 종을 울리나〉를 썼다. 〈노인과 바다〉로 1952년 퓰리처 상을 수상하였고, 1954년에는 노벨 문학상을 받았다. 이후 몸과 마음의 병으로 시달리던 그는 1961년 자살하고 만다. 헤밍웨이는 짧고 힘있는 문체로 장소와 사물을 분명하고 자세히 묘사하여 폭력과 파괴에 용기있게 대항하는 '헤밍웨이의 영웅'이라 불리는 남성의 유형을 창조하였다.

# 노인과 바다

## 노인과 소년

그는 멕시코 만류에 조각배를 띄우고 혼자서 고기를 잡는 노인이었다. 고기를 한 마리도 잡지 못한 날이 84일이나 되었다. 처음 40일 동안은 어떤 한 소년이 같이 있었다. 그러나 고기 한 마리 잡지 못하는 날이 40일이나 되자, 소년의 부모는 노인이 완전히 '살라오'가 되었다고 했다. 살라오라는 말은 에스파냐 어로 최악의 사태를 뜻한다.

소년은 부모가 시키는 대로 다른 배로 옮겨 탔고, 그 배는 고기잡이를 나가 첫 주에 굉장히 커다란 고기 세 마리를 잡았다. 노인이 날마다 빈 배로 돌아오는 것을 보고 소년은 마음이 아팠다.

소년은 늘 노인을 마중 나가 낚싯줄, 작살, 갈퀴, 돛대 등을 정리하는 일을 도왔다. 돛은 여기저기 기운 것이어서, 마치 물고기와의 싸움에서 질 것 같은 깃발로 보였다.

노인은 말랐고 초췌했다. 목덜미에는 깊은 주름살이 패어 있었다. 노인의 뺨은 강렬한 바닷바람과 햇볕 때문에 피부암에 걸린 것처럼 기미가 있었다.

기미는 얼굴 전체에 번져 있었다. 그리고 양손은 여러 군데 상처가 있었다. 큰 고기를 잡을 때 밧줄을 다루다가 생긴 것이다.

노인이 갖고 있는 모든 것은 노인처럼 모두 늙고 오래된 것들이다.

하지만 바다와 같은 색깔의 노인의 두 눈만은 명랑했고, 지칠 줄 모르는 생기가 넘쳤다.

"산티아고 할아버지, 이젠 할아버지와 같이 바다에 갈 수 있어요. 돈을 조금 벌어 놓았거든요."

소년은 조각배를 매어 놓은 둑에 올라가면서 노인에게 말했다. 지금까지 노인은 소년에게 고기 잡는 법을 가르쳐 주었었다.

"아니야. 네가 요즘 고기 잡으러 타고 나가는 배는 운이 좋단다. 그러니 그 배를 계속 타거라."

"하지만 할아버지는 87일 동안 한 마리도 잡지 못하고 헛탕을 쳤다가, 세 주간 동안 날마다 큼직한 물고기를 잡은 일이 있잖아요. 생각나지 않으세요?"

"생각나고말고. 나는 네가 내 솜씨를 믿지 못해서 떠난 게 아니란 걸 잘 알고 있다."

"아버지가 할아버지를 떠나라고 했어요. 그러기 싫었지만 아버지 말씀을 거역할 수가 없었어요."

"그럼, 아버지 말씀을 들어야 해. 그게 당연한 거야."

"하지만 아버지는 신념이 없어요."

"그러니?"

"……."

"하지만 우리에게는 신념이 있지. 그렇지 않니? 애야."

"그럼요, 할아버지. 제가 할아버지께 테라스관에서 맥주를 사 드리고 싶은데, 고기잡이 도구는 나중에 날라도 되지요?"

"그래, 어디 한 번 네가 사 주는 술을 먹어 볼까?"

테라스관에 자리를 잡자 어부들이 노인을 놀렸다.

"어이, 산티아고 양반. 84일 동안 고기를 한 마리도 잡지 못했다면서? 그렇게 못 잡기도 힘들 거야."

하지만 노인은 사람들의 놀림에 화를 내지 않았다. 어부들 중 나이가 든 어부들은 노인을 보고 서글퍼했다. 하지만 슬픈 내색을 밖으로 나타내지는 않았다.

그들은 고기 잡으러 간 날의 조류가 어떻다는 둥, 얼마나 깊은 데다 낚시를 드리웠다는 둥, 이런 날씨가 얼마 동안 계속될 거라는 둥의 이야기를 했다. 그리고 바다에서 겪었던 여러 가지 일에 대해서 즐겁게 이야기했다.

어느새 큰 고기를 잡은 어부들이 돌아왔다. 그들이 잡은 돛새치는 벌써 도살되었다. 돛새치 토막들을 쌓아 올린 두 장의 널빤지를, 남자 두 명이 비틀거리면서 어류 저장고로 날랐다. 돛새치는 거기서 냉장 트럭에 실려 아바나 시장으로 옮겨질 것이다.

상어를 잡은 사람들은 상어를 포구 건너편에 있는 상어 공장으로 보냈다. 상어 공장에 실려간 상어는 밧줄과 도르래로 달아올려져 간을 도리고, 지느러미를 자르고 껍질을 벗긴 후 토막을 내서 소금에 절여진다.

바람이 동쪽에서 불어오면 상어 공장에서 나는 냄새가 만(바다가 육지 쪽으로 들어간 곳)을 건너 테라스관까지 풍겼다. 하지만 그 날은 냄새가 그리 고약하지 않았다. 바람이 북쪽으로 불더니 어느새 잠잠해지고, 테라스관 앞에는 햇볕이 내리쬐고 있었다.


"산티아고 할아버지."
소년이 할아버지를 불렀다.
"왜 그러니?"
노인은 술잔을 잡고 옛 생각에 잠겨 있었다.
"내일 정어리가 필요하지 않으세요? 제가 좀 구해다 드릴까요?"

"괜찮아. 야구나 하렴. 난 아직 노를 저을 힘이 있어. 그리고 로헬리오가 투망을 던져 줄 거야."

"그래도 제가 하고 싶어요. 할아버지랑 고기잡이를 못 하니까 다른 거라도 도와 드리고 싶어요."

"넌 나에게 맥주를 샀잖아. 너도 이젠 어엿한 어른이란다."

"할아버지, 제가 몇 살 때 맨 처음 배에 태워 주셨어요?"

"아마 다섯 살 때였지? 고기를 잡았을 때 어찌나 물고기 녀석이 팔딱거리던지 배를 박살낼 뻔했지. 그래서 너도 죽을 뻔했단다. 혹시 기억나니?"

"네, 기억나요. 그놈의 꼬리가 무섭게 날뛰는 바람에 배가 조금 부서졌잖아요. 물고기를 몽둥이로 팼던 생각이 나요. 할아버지는 마치 나무꾼이 도끼로 나무를 찍듯이 고기를 찍어 댔지요. 그 몽둥이질 소리가 지금도 들리는 것 같아요. 피비린내가 어찌나 심하던지……."

"그래, 정말 기억하고 있구나!"

"그럼요. 전 다 기억하고 있어요. 처음부터 끝까지 말이에요."

노인은 부드러운 눈길로 소년을 바라보았다.

"만일 네가 내 아들이라면 한 번 데리고 가서 모험을 할 텐데……. 하지만 넌 내 아들이 아니잖아. 게다가 네가 타는 배는 운이 무지하게 좋고……."

"정어리를 구해 올까요? 그리고 가운데에 달아 놓아 미끼가 될 큰 고기도 네 마리 정도 구해 올 수 있어요."

"아니야. 아직은 얼마 동안 쓸 고기들이 있다. 소금에 절여 통 속에 넣어 두었거든."

"싱싱한 걸로 네 마리 가져올게요."

"한 마리면 된다."

노인의 가슴속에는 아직도 희망의 불이 꺼지지 않았다. 그 불은 지금 불고 있는 바람과 함께 다시 활활 타올랐다.

"자, 두 마리예요."

"설마……. 훔친 건 아니겠지?"

"훔칠 수도 있어요. 하지만 이건 분명히 돈 주고 산 거예요."

"고맙다."

노인은 자기가 소년에게 고맙다는 말을 한 것을 생각하며, 자신이 겸손해졌다는 사실을 알았다. 고맙다는 말을 하는 것은 부끄러운 일이 아니다. 그리고 자존심이 상하는 일도 아니다.

"조수가 이 정도면 내일은 분명히 재수가 좋겠는걸."

"어디로 가실 건가요?"

"멀리 나가려고. 바람이 바뀌는 데서 고기를 잡다가 돌아와야겠어. 먼동이 트기 전에 나갈 작정이다."

"저도 주인 아저씨에게 멀리 나가자고 이야기해 봐야겠어요. 그래야 할아버지가 굉장히 큰 놈을 잡았을 때 거들어 드릴 수 있지요."

"네 주인은 멀리까지 나가려고 하지 않을 거야."

"하지만 저는 주인에게 주인이 보지 못한 것을 보았다고 말하고, 돌고래를 쫓아 멀리까지 갈 거예요."

"그 주인이 그렇게 눈이 나쁘니?"

"장님이나 마찬가지예요."

"그것 참 이상하구나. 바다거북을 잡으러 나가지도 않았는데 눈이 나쁘다니……. 그 사람은 내가 알기로 바다거북을 잡으러 나가지 않았는데……."

"하지만 할아버지는 바다거북을 잡으러 모스키토 해안까지 갔으면서도 눈이 좋잖아요."

"나야 워낙 별난 늙은이가 아니냐?"

"그렇지만 할아버지는 아직도 아무리 큰 물고기를 잡아도, 절대로 그 물고기에게 지지 않으시잖아요."

"그럼, 그렇고말고. 고기를 잡는 방법도 여러 가지 알고 있지."

"자, 이제 고기잡이 도구를 날라요. 그리고 투망으로 정어리를 잡으러 가요."

노인과 소년은 배에서 고기잡이 도구를 집어들었다. 노인은 돛대를 어깨에 메고, 소년은 낚싯줄을 감아 넣은 나무 궤짝과 갈퀴, 창이 꽂힌 작살을 날랐다. 미끼통은 몽둥이와 함께 배 뒤편에 나란히 놓았다. 몽둥이는 펄떡이는 물고기를 진정시키는 데 쓰는 것이다.

노인의 물건을 훔칠 사람은 없었지만, 돛줄과 낚싯줄이 밤이슬을 맞으면 고기를 잡는 데 어려움이 따르므로 집으로 가져가는 것이다. 노인도 그 동네 사람들이 자기의 물건을 가져가지 않는다는 것을 알고 있지만, 갈퀴나 작살을 배에 두는 것은 공연히 훔치고 싶은 마음을 갖게 할지도 몰라 이렇게 챙기는 것이었다.

그들은 나란히 노인의 오두막집으로 걸어갔다. 노인은 돛을 감은 돛대를 벽에 기대어 놓았다. 소년은 궤짝과 다른 고기잡이 도구들을 그 옆에 놓았다. 돛대는 거의 오두막집 방 한 칸 길이만 했다. 그 집에는 구아노라는 종려나무의 껍질로 만든 침대와 책상, 의자가 각각 하나씩 있었다.

섬유가 질긴 구아노의 잎을 여러 겹 포개어 반반하게 만든 갈색 벽에는 그림을 걸어 놓았다. 한 장은 예수의 그림이고, 한 장은 코브레의 성모 마리아 그림이다. 그것은 아내가 남긴 유물이었다.

전에는 그 벽에 아내의 사진을 걸어 놓았다. 그런데 아내의 사진을 볼 때마다 마음이 울적해져서, 선반 위에 빨아서 얹어 놓은 셔츠 밑에 두었다.

"뭘 좀 잡수셔야죠?"

"생선하고 밥이 조금 있다. 너도 같이 먹을래?"

"아뇨. 저는 집에 가서 먹을래요. 불을 피워 드릴까요?"

"아니야. 나중에 내가 피울게."

"투망을 제가 가지고 가도 될까요?"

"그러렴."

투망은 없었다. 소년은 그것을 언제 팔았나를 생각했다. 그러나 노인과 소년은 날마다 이런 거짓말을 했다. 쌀도 생선도 없다는 것을 소년은 알고 있었다.

"85란 숫자는 재수 있는 숫자야. 내가 천 파운드도 더 되는 큰 놈을 잡아 오는 걸 보고 싶지 않니?"

"전 투망을 가지고 정어리를 삽으러 가겠어요. 문 앞에서 햇볕이나 쬐며 앉아 계세요."

"그래, 어제 신문이 있으니 야구 기사나 읽어야겠다."

신문이란 말도 거짓말일지 모른다고 소년은 생각했다. 그런데 노인은 침대 밑에서 신문을 꺼내 가지고 왔다.

"음식점에서 페리코한테 얻은 거야."

"정어리를 잡으면 돌아올게요. 할아버지 거랑 내 거랑 얼음을 채웠다가 아침에 나눠요. 내가 돌아오면 어느 팀이 이겼는지 말해 주세요."

"양키스가 이길 게 뻔해."

"그렇지만 클리블랜드 인디언스가 있으니 마음을 놓을 수가 없어요."

"양키스를 믿어라. 양키스 팀엔 디마지오가 있잖아."

"저는 디트로이트의 타이거스 팀과 클리블랜드의 인디언스 팀이 겁나요."

"애야, 정신차려. 그러다간 신시내티의 레즈 팀이나 시카고의 화이트 삭스 팀까지도 겁내겠다."

"신문 잘 읽어 두셨다가 꼭 이야기해 주세요."

"그건 그렇고, 끝번호가 85번인 복권을 사는 게 어떨까? 내일이 85일 째 되는 날이니 말이야."

"좋은 생각이네요. 하지만 산티아고 할아버지, 87일이라는 멋진 기록도 있잖아요. 87이 더 좋지 않을까요?"

"그런 일은 자주 있는 게 아니야. 85번 복권을 구하고 싶은데 가능할까?"

"구할 수 있어요."

"그러면 한 장만 부탁한다. 2달러 50센트다. 그런 돈을 누구에게서 꾸지……."

"문제없어요. 그 정도 돈이라면 누구라도 꿔 줄 거예요."

"나도 꿀 수 있어. 하지만 나는 돈을 꾸고 싶지 않아. 한 번 꾸기 시작하면 나중에는 구걸하게 되거든."

"할아버지, 몸을 따뜻하게 하세요. 이젠 9월이잖아요."

"큰 고기가 걸리는 달이지. 5월에는 누구나 다 어부 행세를 할 수 있지만 9월은 아니야……."

"저는 이제 정어리를 잡으러 갈게요."

소년이 돌아와 보니 노인은 의자에 앉아 잠들어 있었다. 해는 이미 저물었다. 소년은 침대에서 헌 군용 담요를 가져와 의자 등받이에 펼쳐 노인 어깨에 덮어 주었다.

노인의 어깨와 목덜미는 늙었지만 아직도 힘이 있어 보였다. 노인은 잠이 들어 고개를 앞으로 숙이고 있어서, 목의 주름살도 그다지 많아

보이지 않았다. 노인의 셔츠는 노인의 배의 돛처럼 기운 것 투성이였다. 기운 조각이 햇볕에 바래 여러 가지 색깔로 변했다.

노인의 머리는 늙었다. 눈을 감은 얼굴에는 생기가 느껴지지 않았다. 무릎 위에 신문이 놓여 있었다. 저녁 무렵의 산들바람에 펄럭였으나, 팔로 신문을 누르고 있어 날아가지는 않았다. 노인의 발은 맨발이었다.

소년은 노인을 그대로 두었다. 다시 소년이 돌아왔을 때도 노인은 그대로 잠들어 있었다.

"할아버지, 이제 그만 일어나세요."

소년은 노인의 무릎 위에 손을 올려놓았다. 노인은 눈을 떴지만 아직도 먼 꿈나라에서 돌아오지 않은 것 같았다.

잠시 후 정신을 차린 노인은 엷게 웃었다.

"무얼 가져왔니?"

"저녁이요. 우리 이제 저녁 먹어요, 할아버지."

"난 배가 별로 고프지 않구나."

"그래도 드셔야 해요. 잡수시지 않으면 고기를 잡을 수 없어요."

"그래."

노인은 일어나 신문을 접고 담요를 개려고 했다.

"전에는 먹지 않고도 고기를 잘 잡았는데……."

이불을 개려는 노인을 보고 소년이 말했다.

"이불은 개지 마시고 그냥 덮고 계세요. 그리고 제가 있는 동안에는 빈속으로 고기잡이를 하게 하지 않을 거예요."

"정말 오래 살고 볼 일이구나. 아무튼 고맙다. 그래, 저녁은 뭐니?"

"검정콩과 바나나 프라이, 그리고 스튜가 조금 있어요."

소년이 테라스관에서 담아 온 것이었다. 그의 호주머니에는 종이 냅킨에 싼 두 벌의 나이프와 포크, 그리고 스푼이 있었다.

"누가 줬니?"

"마틴 씨가요. 테라스관의 주인 말이에요."

"그 사람한테 고맙다는 인사를 해야겠구나."

"제가 인사했어요."

"그래도 인사해야지. 그 사람이 친절을 베풀어 준 것이 이번만이 아니지?"

"그럴 거예요."

"그럼 고기를 잡으면 뱃살만 주어서는 안 되겠구나. 좀 더 좋은 고기를 줘야겠다. 우리에게 마음을 써 주는 사람이잖아."

"맥주도 두 병이나 주셨어요."

"난 깡통 맥주가 제일 좋아."

"저도 알아요. 하지만 이건 아쉽게도 병맥주예요. 병은 먹고 나서 가져다드릴 거예요."

"여러 가지로 고맙구나. 그래, 어디 한번 먹어 볼까?"

"아까부터 권하고 있었잖아요. 할아버지가 드실 준비가 될 때까지 기다리고 있었어요. 그래서 뚜껑도 따지 않았어요."

"준비는 다 됐어. 그저 손을 씻느라고 시간이 걸리는 거란다."

'손은 어디에서 씻는담.'

물을 얻으려면 두 블록의 거리를 걸어야 했다. 소년은 물을 길어 와야겠다고 생각했다. 그리고 비누와 수건도 가져다드려야겠다고 생각했다. 겨울이 되면 추워질 테니 셔츠와 재킷도 필요했다. 구두와 담요가 있다면 더 좋을 것 같았다.

노인이 말했다.

"스튜가 아주 맛있네."

"할아버지, 야구 이야기를 해 주세요."

"아메리칸 리그에서는 내가 말했듯이 양키스 팀이 최고야."

"하지만 오늘은 졌어요."

"그건 문제가 안 돼. 위대한 디마지오가 실력을 발휘할 거라고."

"그 팀엔 다른 선수들도 있잖아요."

"물론 그렇기는 하지만 디마지오가 제일 잘 하지. 다른 리그에서 브루클린하고 필라델피아가 싸우면 난 브루클린 편을 들지. 그리고 보니 딕 시슬러가 멋지게 공을 날리던 생각이 나는구나."

"정말 어마어마한 공이었어요. 그렇게 멀리까지 공을 치는 사람은 처음 봤어요."

"그 사람 테라스관에 자주 왔었는데……. 혹시 기억 안 나니? 난 그 사람에게 같이 낚시 가자고 부탁하고 싶었는데 멋쩍어서 못했어. 그래서 널더러 말해 보라고 했는데 너도 멋쩍어서 말하지 못했지."

"맞아요. 그런 적이 있었어요. 그 사람은 부탁을 들어주었을 텐데. 그러면 사람들한테 평생 동안 자랑할 거리를 마련하는 건데 말이에요. 정말 아쉬워요."

"난 디마지오를 한 번 고기잡이에 데리고 가고 싶어. 그의 아버지가 어부라고 하더라. 아마 디마지오의 아버지도 우리처럼 가난했을 거야. 그러니 우리 부탁을 들어줄 거야."

"시슬러의 아버지는 가난해 보이지 않던데요. 그리고 나만한 나이에 벌써 메이저 리그에 들어가 있었어요."

"너만한 나이에 나는 아프리카를 왕래하는 배를 탔단다. 해질녘이 되면 해안을 걸어가는 사자를 볼 수 있었지."

"예전에 이야기해 주셨어요."

"야구 이야기를 할까, 아프리카 이야기를 할까?"

"전 야구 이야기가 좋아요. 존 맥그로 이야기를 해 주세요."

"그 사람도 자주 테라스관에 들렀단다. 술만 마시면 난폭해지는 사람이었어. 고래고래 소리를 질러서 여러 사람을 애먹였지. 야구뿐만 아니라 경마에도 관심이 많았어. 언제나 주머니에 경마 시간표를 넣고 다녔지."

"그 사람은 아주 훌륭한 감독이래요. 아버지가 그러셨어요."

"그건 그 사람이 우리 동네에 자주 왔기 때문에 하는 말이란다. 만약 듀로처가 이 곳에 자주 왔다면, 가장 훌륭한 감독은 듀로처라고 했을 걸."

"그럼, 진짜 훌륭한 감독은 누구라고 생각하세요? ……루크? 마이크 곤잘레스?"

"모두 비슷비슷할 거야."

"감독은 모르지만 가장 훌륭한 어부를 말하라면, 저는 할아버지라고 말할 거예요."

"아니야. 난 더 훌륭한 어부를 알고 있어."

"아니에요, 할아버지가 최고예요. 고기 잡는 어부도 많고, 훌륭한 어부도 물론 있어요. 하지만 역시 할아버지가 최고예요."

"고맙다, 애야. 날 기쁘게 해 주는구나. 이제는 너무 큰 고기가 나타나서 우리의 체면을 깎지 말아야 하는데……."

"할아버지는 옛날과 다름없이 힘이 세요. 그런데 그런 큰 고기가 있을지 모르겠어요."

"물론 예전만큼은 아니야. 하지만 나는 여러 가지 고기 잡는 방법을 알고 있지. 거기다 배짱도 있고."

"할아버지, 이젠 주무세요. 그래야 내일 아침에 기운 차리시고 고기를 잡으러 가지요. 이건 테라스관에 되돌려줄게요."

소년은 테라스관에서 가지고 온 그릇을 챙겼다.

"그래, 잘 자거라. 아침에 내가 깨우러 가마."

"할아버지는 제 자명종 시계예요."

"나이가 드니 아침에 일찍 일어나게 되더구나. 나이가 나를 자명종 시계로 만들어 놓았어. 늙으면 왜 아침잠이 없을까? 하루를 길게 만들려고 그런 걸까?"

"글쎄요, 전 잘 몰라요. 아직 어리니까요. 하지만 우리같이 어린 애들은 늦게까지 놀다가 잠을 푹 자지요."

"나도 젊었을 때는 그랬단다. 내일 아침 늦지 않게 깨우마."

"나는 내 주인이 나를 깨우는 건 싫어요. 어쩐지 내가 그에게 진다는 생각이 들거든요."

"알겠다."

"할아버지, 안녕히 주무세요."

"오냐."

소년은 나갔다. 두 사람은 불도 없이 식사를 했었다. 노인은 바지를 벗고 어둠 속에서 잠자리에 들었다. 바지를 말아 그 속에 신문을 끼워 놓고 베개를 만들었다. 담요로 몸을 감고, 침대 스프링 위에 신문을 깔고 잤다.

노인은 곧 잠들었고, 이내 꿈을 꾸었다. 소년과 이야기했던 아프리카가 꿈 속에서 펼쳐졌다. 그는 소년이었다. 금빛으로 반짝이는 길게 뻗은 모래사장, 눈부시게 빛나는 하얀 해안선, 높게 우뚝 솟은 갈색 산이 보였다. 요사이 노인은 밤마다 이 해안을 거닐었다.

노인은 꿈 속에서 바닷가에서 부딪치는 파도 소리를 들었고, 파도를 헤치고 노저어 오는 아프리카 흑인을 보았다. 그는 잠을 자면서 미풍에 실려오는 바다 냄새와 아프리카 대륙의 냄새를 맡았다.

노인은 언제나 뭍에서 불어오는 미풍 냄새를 맡으며 눈을 떴다. 그리고 옷을 주워 입고 소년을 깨우러 갔다. 그러나 그날 밤은 미풍 냄새가 너무 빨리 불어와 꿈 속에서도 매우 이르다는 것을 알았다.

꿈 속에서 그는 바다에 솟아 있는 섬들의 흰 봉우리를 보았다. 그리고 카나리아 군도의 여러 항구와 선착장도 보았다.

이제 노인의 꿈에는 폭풍우도, 여자도 나타나지 않았다. 커다란 고기, 싸움, 힘 겨루기와 죽은 아내 꿈도 꾸지 않았다. 다만 여러 고장에 대한 꿈만 꾸었다. 노인은 황혼 속에서 고양이처럼 놀았다. 그는 소년을 사랑하는 것처럼 꿈 속에 나오는 자신이 소년이었던 모습을 사랑했다. 하지만 소년은 꿈에 나타나지 않았다.

노인은 꿈을 꾸다 잠을 깼다. 열린 창으로 달을 쳐다보며 엉거주춤 서서 바지를 입었다. 그리고 오두막집 밖으로 나가 오줌을 누었다.

노인은 소년을 깨우러 갔다. 새벽 한기에 몸이 떨렸지만, 곧 바다로 나갈 생각에 몸이 따뜻해지는 것을 느꼈다. 소년이 사는 집은 문이 잠겨 있지 않아, 노인은 문을 조용히 열고 들어갔다.

소년의 방은 그 집 첫째 방이었다. 기울어 가는 달빛의 어스름 속에서 자고 있는 소년을 보았다. 노인은 소년의 한쪽 발을 살며시 잡고는 소년이 눈을 뜰 때까지 그렇게 있었다. 소년이 잠에서 깨어나더니 의자에 걸쳐 놓은 바지를 갖고 와 침대에 걸터앉아 입었다.

노인이 잠자코 문 밖으로 나가자 소년도 뒤따라 나왔다. 소년은 아직 잠에서 완전히 깨어나지 않아 졸렸다.

노인은 소년의 어깨에 팔을 얹으며 말했다.

"안됐구나."

"괜찮아요. 남자가 할 일이잖아요."

노인과 소년은 노인이 사는 오두막집으로 내려갔다. 맨발의 어부 둘은 각자 자기 배의 돛을 어깨에 메고 어둠 속을 걸어갔다. 오두막집에 도착했을 때 소년은 재빨리 바구니에 든 낚싯줄, 작살, 갈고리를 들었고, 노인은 돛을 감은 돛대를 어깨에 멨다.

"커피 좀 드실래요?"

소년이 말했다.

"그래, 이것들을 옮겨 놓고 나서 마시자."

그들은 새벽에 어부들을 위해 일찍 문을 여는 음식점으로 가서 커피를 마셨다.

"할아버지, 잠은 잘 주무셨어요?"

소년은 아직도 졸리운지 눈을 비비며 물었다.

"잘 잤다, 마놀린."

소년의 이름은 마놀린이었다.

"오늘은 웬지 자신감이 생기는구나."

"저도 자신 있어요. 참, 할아버지. 정어리하고 제가 쓸 미끼를 가져올게요. 주인 아저씨는 손수 고기잡이 기구를 날라요. 아무에게도 시키려 하지 않아요."

"우리는 안 그렇지? 난 네가 다섯 살 때부터 그것들을 나르게 했지."

"알고 있어요. 커피 한 잔 더 들고 계세요. 얼른 가서 가지고 올게요."

소년은 맨발로 산호 바위 위를 걸어, 미끼를 맡겨 둔 얼음집으로 갔다. 소년이 떠나자 노인은 천천히 커피를 마셨다. 커피 한 잔으로 오늘 하루를 견뎌야 하기 때문에 커피를 마셔 두어야 했다. 먹는 것이 귀찮아서 점심을 챙겨 다니지 않은 지가 벌써 오래 되었다. 점심 대신 뱃머리에 놓아 두는 물 한 병이 노인의 양식 전부였다.

소년이 정어리와 신문지에 싼 미끼를 가지고 왔다. 노인과 소년은 맨

발로 자갈 섞인 모래의 감촉을 느끼면서, 배가 있는 곳까지 내려가 배를 물 가운데로 밀어서 띄웠다.

"행운을 빌게요, 할아버지."

"행운을 빈다, 애야."

## 바다를 향하여

노인은 배에 몸을 싣고 항구를 벗어나 바다로 나아갔다. 해안의 다른 배들도 바다로 나가고 있었다. 달은 산 너머로 넘어가 배는 보이지 않았지만 노를 젓는 소리가 들려왔다.

어떤 배에서는 사람들이 이야기하는 소리도 들렸다. 하지만 대부분의 고깃배는 노 젓는 소리만 낼 뿐 조용했다. 항구 밖으로 나가 각자 고기를 잡을 수 있다는 희망을 안고, 어부들은 앞으로 나아갔다.

노인은 멀리 나갈 생각이었다. 그래서 뭍의 냄새를 뒤로하고, 이른 아침의 맑은 냄새가 그득한 바다로 나아갔다.

어부들이 '큰우물'이라고 부르는 곳까지 노 저어 갔을 때, 노인은 바닷말(해조)이 반짝거리는 것을 보았다. '큰우물'은 갑자기 7백 길이나 푹 꺼져 있어서, 바닷물이 그 바다 밑의 가파른 경사에 부딪혀 소용돌이가 생겼다.

그래서 매우 많은 물고기들이 거기로 몰려 있었다. 새우와 미끼 고기가 떼를 지어 있었다. 가장 깊은 구덩이에는 오징어들이 몰려 있었다. 오징어들은 밤이 되면 수면 위로 올라와, 다른 물고기들의 밥이 되기도 했다.

노인은 아침이 다가오는 것을 느낄 수 있었다. 노인은 노를 저으면서 날치가 물을 찰 때 '부르릉' 하며 떠는 소리와, 그 날개가 어두운 하늘을 가르는 '쉿쉿' 하는 소리를 들었다. 바다에서는 날치가 가장 좋은 친구가 되기 때문에 노인은 날치를 좋아했다.

새는 불쌍하다고 여겼다. 특히 조그맣고 약한 검은 제비갈매기는, 항상 먹이를 찾아 날아다니지만 거의 찾지 못해서 더욱 불쌍했다.

"파리새나 억세고 힘든 새들말고는 너희들이 우리보다 더 고달픈 생활을 하는구나. 험한 바다에 어떻게 너희같이 예쁜 새가 있을까? 바다는 다정하고 아름답지만 잔인해질 수도 있다. 거기다 예고 없이 갑자기 잔인해지지. 그래서 너희처럼 약하디약한 새들은 바다에서 먹이를 구하기 힘들어."

노인은 항상 바다를 '라 마르'라고 생각했다. 그것은 이 지방 사람들이 바다를 아끼며 부르는 에스파냐 어였다. 때로는 바다를 사랑하는 사람들도 바다에 대고 욕을 퍼붓기도 하고, 바다를 여성에 비유해 욕을 하기도 한다.

젊은 어부 가운데 어떤 이들은 낚시찌 대신 부표를 사용한다. 또 상어의 간을 팔아 번 돈으로 모터 보트를 산 사람들은, 바다를 남성에 비유해 '엘 마르'라고 불렀다.

이들은 바다를 '투쟁 상대', '일터'라고 불렀다. 심지어 '적'이라고 부르기도 했다. 그러나 산티아고 노인은 언제나 바다를 여성이라고 생각했다. 그것은 때로는 커다란 은혜를 베풀기도 하고, 때로는 어려움을 주기도 하는 그 무엇이기 때문이다.

'사납게 굴고 재난을 주기도 하지만 바다로서는 어쩔 수 없는 일이 아닌가. 달이 바다를 지배하고 있기 때문이다. 마치 달이 여성을 지배하고 있듯이 말이다.'

노인은 그렇게 생각했다.

노인은 쉬지 않고 천천히 노를 저어 나갔다. 자기 힘의 범위에서 노를 저으면 힘들지 않았다. 조류가 가끔 소용돌이치고 있는 데가 있었지만, 대체로 바다의 수면은 거울처럼 잔잔했다.

노인은 힘의 3분의 1을 조류에 맡겼다. 점점 동쪽 하늘이 훤해지기 시작했다. 문득 뒤돌아보니 평소 노를 저어 온 시간보다 더 먼 바다까지 나와 있었다.

노인은 지난 일주일 동안 깊은 '큰우물'을 찾았으나, 고기는 한 마리도 없었다.

'오늘은 가다랭이와 날개다랭이가 떼지어 있는 근처에 낚싯대를 드리워야지. 어쩌면 큰놈이 그 사이에 있을지도 몰라.'

노인은 그렇게 생각했다.

아침이 오기 전에 노인은 미끼를 내렸다. 그리고 조류의 흐름에 배의 움직임을 내맡겼다. 미끼 하나는 40길 가량 되는 깊이에 내렸다. 70길, 100길, 125길 되는 곳에도 미끼를 내렸다. 미끼는 모두 머리를 밑으로 드리우고 매달려 있었다. 미끼 생선은 큰 낚시 가운데 부분에 단단히 꿰어 놓았다.

갈고리 모양으로 되어 있는 부분과 꼬부라진 부분이나 끝 부분은 모두 싱싱한 정어리로 가득 덮여 있었다. 두 눈을 꼬리처럼 꿰뚫린 정어리들은, 강철 막대로 받쳐 세워 놓은 반원형의 화환과 같았다. 분명히 큰 고기가 다가와서 좋은 냄새와 맛을 느낄 것이다.

소년이 준 싱싱한 다랑어 두 마리는 제일 깊은 곳에 넣은 두 낚싯줄에 추처럼 매달았고, 다른 줄에는 전에 쓰던 크고 푸른빛의 방어와 누런 빛깔의 수컷 연어를 달았다. 전에 쓰던 미끼였는데, 아직도 상하지 않고 고기 냄새를 풍겨 싱싱한 정어리와 함께 매단 것이다.

낚싯줄은 모두 연필 굵기만큼의 두께로, 그 끝에는 초록색 칠을 한 막대기에 매달려 있었다. 그래서 고기가 미끼에 걸려들면 막대기가 기울게 되어 있었다. 모두 마흔 길의 코일이 두 개씩 달려 있고, 이것을 다른 여분의 코일에 맬 수도 있어서 고기는 3백 길이 넘는 낚싯줄을 끌어야 하는 것이다.

지금 노인은 뱃전에 튀어나온 세 개의 막대가 기울어지기를 기다렸다. 낚싯줄이 팽팽하게 아래위로 늘어져 미끼가 적당한 깊이를 유지하도록 가만가만 노를 저었다. 어느덧 날이 밝아 금방이라도 해가 솟을 것 같았다.

바다 위로 어렴풋이 해가 떠오르자 노인은 다른 배들을 보게 되었다. 다른 배들은 바다의 수면을 기는 것처럼 얕게, 해안을 배경으로 가로질러 흩어져 있었다. 해는 더 밝아져 바다의 수면을 밝히더니 잠시 후 완전히 그 모습을 드러냈다.

해가 떠오르자 잔잔한 바다가 빛을 반사해 노인은 눈이 부셨다.

노인은 얼굴을 놀리고 노를 저었다. 그리고 어두운 바다 밑으로 팽팽하게 드리워져 있는 낚싯줄을 지켜보았다. 노인은 누구보다 낚싯줄을 팽팽하게 드리웠다. 그래야만 언제나 어두운 수심 속, 자기가 원하는 곳에 미끼를 놓아 그 곳을 지나가는 고기를 잡을 수 있었다.

대부분의 어부들은 미끼를 조류에 내맡긴다. 그래서 백 길을 내렸다고 생각해도 실제로 육십 길밖에 되지 않을 때가 많다. 그러나 노인은 낚싯줄을 정확하게 드리운다.

'나는 재수가 없을 뿐이야. 그러나 누가 알아? 오늘만큼은 좋은 일이 생길지……. 하루하루가 새로운 날이잖아. 재수가 있다면 더 좋겠지만 나는 무슨 일이든 정확하게 할 거야. 그래야 운이 다가올 때 얼른 그 운을 낚아챌 수 있는 거야.'

노인은 이렇게 생각했다.

해가 뜬 지 두 시간이 지나서인지, 동쪽을 보아도 별로 눈이 아프지 않았다.

이제 배는 세 척밖에 보이지 않았다. 그것도 저 멀리 있었다.

"아침 해는 일평생 나의 눈을 망가지게 했어. 그러나 내 눈은 아직도 쓸 만해. 저녁때면 나는 아무렇지도 않게 해를 똑바로 볼 수 있지. 하지만 아침 햇빛은 강해서 눈이 아프군."

노인은 아침 햇살을 받으며 이렇게 중얼거렸다.

그 때 군함조 한 마리가 길고 검은 날개를 펴고, 그의 앞쪽 바다 상공을 도는 것이 보였다. 새는 뒤로 날개를 치며 급히 내려왔다가 다시 날아올랐다.

"무언가 있어!"

노인이 소리쳤다.

"그저 뭔가를 찾는 게 아니야."

노인은 새가 맴돌고 있는 곳으로 천천히 노 저어 나갔다. 서두르지 않고 줄을 아래 위로 팽팽히 드리운 채 저어갔다. 조류의 속도보다 약간 빠르게 노를 저었고, 정확히 낚시질하면서도 새를 표적 삼아 고기를 잡지 않을 때보다는 빠르게 움직였다.

새는 하늘 높이 더 올라가 날개를 움직이지 않고 다시 빙빙 돌다가, 갑자기 쏜살같이 해면 위로 내려왔다. 그 때 노인은 날치가 튀어올라 필사적으로 수면 위를 나는 것을 보았다.

"돌고래야! 아주 큰 돌고래야!"

노인은 소리쳤다.

노인은 노를 노받이에 걸고 낚싯줄을 꺼냈다. 그 줄에는 철사로 된 낚시걸이와 중간 크기의 낚시가 달려 있었다.

노인은 정어리 한 마리를 미끼로 달아 줄을 뱃전 너머로 던지고, 그 끝을 고물(배의 뒷부분) 고리에 단단히 매 두었다. 또한 줄에 미끼를 달아 이물에 둘둘 말아 두었다.

노인은 다시 노를 저으며 이제는 저 멀리에서 얕게 날며 먹이를 찾고 있는 날개가 검은 새를 보았다. 새는 날개를 비스듬히 기울이고, 바다 수면으로 날아내려와 날치를 쫓아 맹렬하게 날갯짓을 했다. 노인은 그 순간 커다란 돌고래가 달아나는 날치를 쫓느라고, 바닷물이 약간 부풀어오르는 것을 보았다.

돌고래는 날치가 나는 바다 수면 밑을 가르면서 전속력으로 달려갔다. 날치가 바다 수면으로 떨어질 때 잡아먹으려는 것이었다.

'이건 아주 큰 돌고래 떼인데⋯⋯.'

돌고래 떼가 넓게 퍼져 있었다. 날치는 살아날 가망성이 없어 보였다. 새도 헛수고를 할 뿐이다. 새에게 날치는 너무 크고 빨랐다.

노인은 날치가 몇 번씩이나 뛰어오르는 것과, 날치를 먹으려는 새의 행농을 지켜보았다.

'저 돌고래 떼는 아무래도 내 낚시를 피해 달아날 것 같군. 돌고래 떼는 너무 빨라. 그리고 어디로 달아날지도 모르고. 내가 낚을 아주 큰 놈은 이 곳에 있을 거야. 틀림없이 이 근처에 있을 거야.'

구름이 육지 위에 산처럼 뭉게뭉게 피어올랐다. 해안은 연하고 푸른 산을 배경으로 초록빛으로 빛났다. 육지는 이제 검푸르고 너무 짙어 거의 보라색으로 보였다. 물 속을 들여다보니 짙푸른 물 속에 벌겋게 떠돌고 있는 플랑크톤과, 햇빛이 엮어 내는 야릇한 광선의 무늬가 묘하게 보였다. 노인은 낚싯줄이 물 속에 수직으로 내려가 보이지 않을 때까지 내려다보았다.

플랑크톤이 많다는 것은 고기가 있다는 뜻이다. 태양이 높이 떠 물 속에서 이상한 빛의 무늬가 생기는 것은 좋은 날씨라는 뜻이다. 육지

위에 떠 있는 구름을 보아도 날씨가 좋다는 것을 알 수 있었다. 노인은 만족스러웠다.

어느새 새는 보이지 않았다. 그뿐 아니라 바다 사면 어디를 보아도 보이는 것은 없었다. 다만 배 바로 옆에 햇빛을 받아 누르스름해진 바닷말이 떠 있고, 이상한 모양을 하고 있는 고깔해파리가 보랏빛으로 반짝이며 떠 있었다. 고깔해파리는 기울어져서 옆구리를 보였다가 곧 똑바로 섰다. 보랏빛의 가느다란 실이 물속에서 1미터나 꼬리를 끌고, 한가한 듯 물거품을 만들며 떠 있었다.

"아과 말라(에스파냐 어로 독즙이란 뜻)다. 이 갈보 같으니!"

노인이 중얼거렸다.

노를 가볍게 저으며 물속을 들여다보니, 고깔해파리 꼬리에 달린 가느다란 실 사이를, 그것과 같은 색깔의 자그마한 고기들이 헤엄쳐 다녔다. 이 고기들은 해파리의 독에 면역되어 있는 것이다. 사람이 그것을 만지면 손과 팔이 지렁이가 기어다니는 것같이 스멀거리고 물집이 생긴다. 그것은 마치 옻나무의 독과 같다. 아니, 그 독은 옻독보다 더 빨리 퍼진다. 마치 회초리에 맞은 듯한 느낌과 통증이 온다.

무지갯빛 거품이 아름다웠다. 그러나 고깔해파리는 바다를 속인다. 노인은 큰 바다거북이 고깔해파리를 먹어 대는 모양을 보는 것이 무엇보다 즐거웠다. 바다거북은 고깔해파리를 찾아내면, 정면으로 다가가 닥치는 대로 먹어 치운다.

또한 노인은 폭풍우가 지나간 뒤에 해안에 밀려 올라온 해파리를 딱딱한 발꿈치로 밟을 때 나는 '피식피식' 하는 소리를 듣는 것을 좋아한다.

노인은 푸른바다거북과 대모를 좋아한다. 이것들은 우아하고 속력이 있어 값이 비싸다. 하지만 크기만 하고 우둔한 붉은거북은 별로다. 붉은

거북은 누런 껍데기를 뒤집어쓰고 암컷을 유혹하는 모습이 싫다. 이 거북은 눈을 감고 신나게 고깔해파리를 집어삼킨다.

노인은 여러 번 배를 타고 거북을 잡으러 바다로 나갔지만, 거북에 대해서는 그다지 신비감을 갖고 있지 않았다. 그는 모든 거북을 가엾게 여겼다. 지금 타고 있는 배만큼 크고 무게가 일 톤 정도 나가는 거대한 놈도 있는데, 그런 놈에게도 동정심이 생긴다. 하지만 사람들은 이런 거북을 동정하지 않는다. 왜냐하면 바다거북의 심장은 완전히 도살된 뒤에도 몇 시간 동안 맥박이 뛰기 때문이다. 하지만 노인은 사람들과는 다른 눈으로 바다거북을 바라보았다.

'내 심장도 바다거북과 비슷할 거야. 손과 발도 바다거북과 같을 거야.'

노인은 체력을 보충하기 위해 바다거북의 알을 먹는다. 9월과 10월에 아주 큰 고기를 잡으려고 5월 내내 거북의 알을 먹는다.

또한 노인은 여러 어부들이 선구를 넣어 두는 드럼통에서 상어의 간유를 꺼내 매일 한 잔씩 먹었다. 어부가 원하면 누구든 그것을 먹을 수 있도록 나누었지만, 어부들은 대부분 상어 간유를 싫어했다. 그것을 먹는 것은 아침 일찍 일어나는 것보다 견디기 쉬웠다. 또한 감기나 유행성 독감 예방에도 좋은 약이었다.

노인은 문득 새가 다시 맴도는 것을 올려다보았다.

"고기를 찾았구나. 찾았어!"

노인은 큰 소리로 외쳤다.

이제 해면을 뛰어오르는 물고기도 없고, 미끼 고기들도 흩어져 있지 않았다. 그러나 눈여겨 보니 조그만 다랑어 한 마리가 뛰어올랐다가 머리를 거꾸로 하고, 물 속으로 떨어지는 것이 보였다. 비늘이 햇빛을 받아 은빛으로 빛났고, 그것이 떨어지자 다른 물고기가 연달아 뛰어올랐다가 사방으로 곤두박질치고 물을 휘저으며 미끼 고기를 따라 멀리 뛰었다. 미끼 고기 주변을 돌기도 하고 쫓아오기도 했다.

'너무 빠르게 움직이지 않는다면 따라가겠는데…….'

노인은 이렇게 생각했다.

노인은 물거품을 하얗게 일으키는 다랑어 떼와, 겁에 질려 해면으로 쫓겨 나오는 미끼 고기를 향해 날아 내려오는 새를 바라보았다.

"새는 큰 도움이 되지……."

그리고는 낚싯줄을 한 번 감자, 발 밑에 누르고 있던 배 뒤편의 줄이 팽팽하게 당겨졌다. 노인은 노를 놓고 줄을 단단히 잡아 끌어당기기 시작했다. 물 속의 조그만 다랑어가 부르르 떨며 잡아당기는 무게를 느꼈다.

당기는 만큼 진동도 더 컸다. 물 속으로 고기의 푸른 잔등이 보였다.

뱃전으로 끌어들이기 전에 금빛으로 빛나는 고기의 배도 보였다. 힘을 주어 휙 낚아채니 고기는 뱃전을 훌쩍 넘어서 배로 날아들었다. 단단하고 총알처럼 생긴 다랑어는 햇빛을 받으며 이물 바닥에 누워 커다랗고 멍청한 눈을 크게 뜨고, 쭉 뻗은 날쌘 꼬리로 뱃바닥 널빤지를 두드렸다. 스스로의 생명을 재촉하는 것이었다. 노인은 그 머리를 때려 고물쪽으로 차서 던졌다. 고기는 고물 끝에 떨어졌다.

"이 다랑어는 좋은 미끼가 되겠는걸. 10파운드는 되겠어."

노인은 자기가 언제부터 소리내어 중얼거리는 버릇이 생겼는지를 생각해 보았다. 예전에 혼자 있을 때면 곧잘 노래를 불렀다. 밤에도, 스매크 선(고기를 산 채로 넣어 두는 통발을 갖춘 어선)이나 거북잡이 배에서도, 또 어선에서 당번이 되어 키를 혼자 잡을 때도 가끔 노래를 불렀다. 아마 혼자 있을 때 소리를 내어 말하게 된 것은, 소년이 자기 배를 떠나 다른 사람의 배를 타고부터인 것 같았다. 그러나 그것도 확실한 것은 아니었다.

소년과 둘이서 고기잡이를 할 때에는 대개 서로 필요할 때만 말했다. 말을 주고받는 것은 밤이 되었거나, 날씨가 좋지 않아 배를 띄울 수 없을 때뿐이었다. 바다에서는 쓸데없는 말을 하지 않는 것이 미덕이었다. 노인도 그것을 당연하게 생각했고 그것을 지켰다. 그러나 지금 노인은 자기 생각을 소리내어 몇 번이나 말했다. 노인의 말을 귀찮아할 사람도 없기 때문이다.

## 미끼에 걸린 물고기

"누군가 내가 소리내어 중얼거리는 것을 보면 나를 미쳤다고 하겠지."

노인은 또 소리내어 말했다.

"하지만 난 미치지 않았어. 그러니 상관 없다고 뭐. 그런데 돈 있는 사람들은 배에서도 라디오를 갖추어 놓고, 야구 방송을 듣는다는데……."

그러다가 '지금은 야구 생각을 할 때가 아니지.'라고 생각했다.

'지금은 단 한 가지만을 생각할 때야. 나는 그것을 위해서 태어났지. 저 다랑어 떼 주위에 큰 고기가 있을지도 몰라. 나는 아직 먹이를 먹고 있는 다랑어 떼의 낙오자를 잡았을 뿐이야. 하지만 큰 물고기들이 이 주변에 있다고. 오늘 바다 수면에서 본 모든 고기가 북동쪽을 향해 빠르게 나아갔어. 그건 시간 탓일까? 아니면 내가 모르는 날씨의 무슨 징조일까?'

초록빛 해안은 이제 보이지 않았다. 다만 푸른 산의 봉우리가 마치 눈에 넣인 것처럼 하얗게 보였다. 또한 다시 그 위로 우뚝 솟은 눈덮인 설산처럼 흰 구름이 떠 있었다. 바다는 어두운 빛깔이고, 광선이 물 속에서 프리즘을 이루었다. 플랑크톤들도 내리쬐는 햇빛 때문에 보이지 않고, 1 마일 깊이의 물 속으로 똑바로 늘어져 있는 낚싯줄 주변에는 푸른 물 속에서 깊고 거대한 프리즘 현상이 보일 뿐이었다.

다랑어 떼는 다시 노인의 배에서 멀어져 갔다. 어부들은 모두 이런 종류의 물고기 떼를 다랑어라고 했다. 팔 때나 미끼 고기와 바꿀 때 물고기의 이름을 제대로 부를 뿐이었다. 이제 햇빛이 뜨거워지기 시작했다. 노인은 목덜미에서 그 열을 느꼈다. 노질을 할 때면 땀이 등골을 타고 흘러내렸다.

'배를 띄워 놓고 낚싯줄을 감아 발 끝에 매어 두고 한잠 자도, 고기가 물면 쉽게 깨어날 텐데…….'

노인은 생각했다. 그러다,

"오늘은 85일 째야. 오늘은 무슨 일이 있어도 꼭 고기를 잡아야 해." 라고 혼잣말을 했다.

바로 그 때, 줄을 지켜보던 노인은 물 위로 초록빛 막대기가 갑자기 확 기울었다가 바로 서는 것을 보았다.

"옳지, 그렇지 됐어. 됐어."

노인이 중얼거렸다.

노가 배에 닿아 덜컹거리지 않도록 노받이에 올려놓았다. 팔을 뻗어 오른손 엄지손가락과 집게손가락 사이로 살짝 줄을 들었다. 당겨지는 느낌과 무게가 느껴지지 않아 가볍게 들자 또 확 당겨졌다. 이번에는 거칠게 당기지 않고 눈치를 떠보는 정도였다. 노인은 모든 사태를 확실히 알아차렸다. 지금 백 길 물 속에서 돛새치가 조그만 정어리를 뜯어 먹고 있는 중이다. 주둥이에서 내민 갈퀴에 방울처럼 매달린 정어리를 뜯어먹고 있는 것이다.

노인은 낚싯줄을 막대에서 벗겼다. 이제는 물고기에게 아무런 저항도 주지 않고 손가락 사이로 밧줄을 얼마든지 풀어 줄 수가 있다.

'이만큼 먼 바다까지 나왔으니 제법 큰 놈이 걸렸을 거야.'

그리고는 돛새치에게 빌었다.

'먹어라, 먹어. 실컷 먹어라. 제발 먹어라. 모두 신선한 먹이란 말야.'

노인은 낚싯줄이 살짝 당겨지는 것을 느꼈다. 이어서 더 세게 당기는 느낌을 받았다. 정어리의 머리를 갈고리에서 빼려 하지만 잘 안 되는 모양이었다.

그러다 곧 잠잠해졌다.

노인은 중얼거렸다.

"자, 오너라. 한 바퀴 더 돌아라. 자, 냄새를 맡아 봐. 아주 신선하잖아. 어때, 입맛이 당기지? 단단하고 아주 차갑고 달콤하단다. 사양할 필요 없어. 자, 실컷 먹으라고."

노인은 엄지손가락과 집게손가락 사이에 낚싯줄을 끼운 채, 가만히 기다렸다. 동시에 다른 낚싯줄도 살폈다. 그쪽으로 그 고기가 갈지도 모르기 때문이다.

"이번에는 확실하게 물어라. 제발!"

그러나 고기는 미끼 고기를 물지 않았다. 다시 달아났는지 도무지 기척이 없었다.

"달아날 리 없어. 절대 그럴 리 없어. 그저 다른 곳에 가서 잠시 놀다가 다시 이리로 올 거야. 그 녀석, 언제 한번 낚싯줄에 걸려 크게 당한 적이 있는 게 틀림없어. 옛날 일이 생각나서 그러나 보군."

역시 잠시 후, 노인은 낚싯줄에 어렴풋한 기척이 있음을 느꼈다. 어렴풋하게나마 이런 기척이 느껴져서 기분이 좋았다. 그런데 그 다음, 어떤 억센 힘을 느꼈다. 틀림없이 고기의 무세다. 노인은 낚싯줄을 자꾸 늦췄다. 그리고 보조용 낚싯줄을 풀어 주었다. 낚싯줄이 손가락 사이를 천천히 미끄러져 나갔다. 손가락에서 어떤 저항은 느껴지지 않지만 묵직한 중량감이 뚜렷하게 전해져 왔다.

"이런, 입 가장자리를 물었군. 달아나려 하고 있잖아."

'다시 한 번 돌고 나서 물거야.'
하고 생각했을 뿐, 말은 하지 않았다.

왜냐하면 좋은 일을 미리 말하면 그 일이 잘 되지 않는다는 것을 알기 때문이다. 노인은 고기가 무척 크다는 것을 알았다. 정어리를 문 채 어두운 바닷속을 달리는 고기를 생각했다. 그 때 고기가 동작을 멈춘 것을 느꼈다. 하지만 고기의 중량감은 여전했다. 점점 무게가 더해져서 줄을 더 풀었다. 엄지손가락과 집게손가락을 잠시 쥐었더니 무게가 더해지면서 똑바로 내려갔다.

"물었군, 물었어! 이놈이 미끼를 잘 먹을 수 있도록 해야지."

노인은 손가락 사이로 줄이 풀려 나가도록 하고, 왼손을 뻗쳐 준비한 두 개의 줄의 한 끝을 다른 두 줄의 준비한 줄 끝에 붙들어맸다. 준비는 끝났다.

지금 풀려 나가고 있는 줄 외에 마흔 길이나 되는 줄 세 개를 갖게 된 것이다.

"좀더 먹으렴. 아주 꿀꺽 삼키렴."

그리고는 속으로 이렇게 생각했다.

'낚시 끝이 네 심장에 박히도록 꿀꺽 삼켜 봐. 사양하지 말고 떠올라 봐. 그러면 내가 작살로 멋지게 찌르게 말야. 자아, 됐다. 준비가 됐겠지? 먹을 만큼 먹었니?'

"앗, 아야!"

노인은 소리를 시르고 두 손으로 힘껏 줄을 당겨 1미터 기량 감은 다음 무게를 중심 삼아 양쪽 팔을 번갈아 흔들며 당기고 또 당겼다.

그뿐이었다. 노인은 한 치도 끌어당길 수 없었다. 줄은 튼튼하고 큰 고기를 잡기 위해 만들어진 것이다. 어깨에 메었더니 줄이 팽팽하게 당겨지면서 물방울이 튀었다. 물 속에서 철썩철썩하는 소리가 났다. 노인은 배의 가름나무에 앉아 고기가 낚싯줄을 당기는 것에 맞서 몸을 뒤로 젖혔다. 배는 북서쪽을 향해 천천히 움직였다.

고기는 계속해서 배를 끌고 나갔다. 노인과 고기는 고요한 바다 위를 천천히 미끄러져 나갔다. 다른 미끼는 아직 물 속에 있었지만 어떻게 할 도리가 없었다.

"그 애가 있었으면 좋았을 텐데……."

노인이 중얼거렸다.

"고기에게 끌려가면서 줄을 당길 수는 있어. 하지만 그렇게 했다가는 고기가 줄을 끊고 달아날지도 몰라. 어떻게든 놓치지 말고 잡아당기면서 줄을 더 풀어 주자. 그래도 고기가 옆으로 가거나 물속 깊이 더 내려가지 않는 게 얼마나 다행이야."

'고기가 물속으로 들어간다면 큰일이다. 갑자기 배가 뒤집혀 곤두박질해서 물속에 빠져 죽을지도 모르지. 하지만 방법이 있을 거야.'

노인은 등에 건 줄이 물속으로 비스듬히 경사진 채 배가 북서쪽으로 끌려가는 것을 지켜보았다.

'이러다간 고기가 죽겠는걸. 언제까지 버틸 수 있는 건 아니니까.'

노인은 이렇게 생각했다. 하지만 네 시간이 지나도 고기는 여전히 배를 끌면서 바다 저 멀리로 나갔다. 노인은 여전히 등에 줄을 건 채 버텼다.

"이놈이 걸린 게 정오쯤이었지. 그런데 여직까지 이놈의 얼굴도 보지 못했으니……."

노인은 고기가 걸리기 전에 밀짚 모자를 깊이 눌러썼는데 그 때문에 이마가 쓰렸다. 거기다 목도 말랐다. 노인은 목을 축이려고 무릎을 꿇고, 줄이 갑자기 당겨지지 않도록 조심스럽게 뱃머리 쪽으로 가서 손을 뻗어 물병을 잡았다. 뚜껑을 열고 물을 조금 마셨다. 그리고는 이물(배의 머리)에 몸을 기대어 쉬었다. 노인은 뱃바닥에 앉아서 고기와의 싸움을 견뎌 내는 일 외에는 아무것도 생각하지 않으려고 했다.

뒤돌아보니 육지는 전혀 보이지 않았다.

"그건 문제 될 게 없어. 언제나 아바나에서 비치는 밝은 빛으로 육지에 갈 수 있으니까. 아직 해가 지려면 두 시간은 남았어. 그때까지야 이놈도 올라오겠지. 그때까지 올라오지 않으면 달이 뜰 때 떠오르겠지. 그것도 아니면 아침 해가 뜰 때 떠오르든지. 난 쥐도 안 나고 기운도 있어. 입에 낚싯줄을 문 놈은 저놈이야. 그런데 저렇게 힘 있게 오래 버티고 있는 걸 보니 대단한 놈이야. 낚싯바늘을 물고 입을 꼭 다물고 있는 것 같아. 저놈을 한 번 봤으면 좋겠는데……. 도대체 어떻게 생긴 놈인지 보고 싶군."

시간이 흘렀다. 별의 위치로 보아 고기는 전혀 방향을 바꾸지 않았다. 해가 지면서부터 노인의 등과 다리에 흘렀던 땀이 차가워졌다. 기온이 내려가 추웠다. 낮에 미끼 궤짝을 덮었던 부대를 햇볕에 말렸는데, 해가 지자 그것을 목에 둘러메어 등에 늘어뜨렸다. 그리고 어깨에 메고 있는 낚싯줄을 밑으로 밀어 넣었다. 부대가 어깨를 덮는 구실을 하고 이물 쪽으로 기댈 수 있게 되어 조금은 편하게 되었다. 실제로는 힘든 자세를 조금 면한 것이었지만 그래도 퍽 편해진 것 같았다.

'나도 저놈을 어쩔 수 없지만, 저놈도 나를 어쩔 수 없지. 이 상태가 계속되면 피차 어쩔 도리가 없어.'

노인은 일어나서 바나에나 오줌을 누었다. 별을 바라보고 배가 어느 쪽으로 움직이는지 살폈다. 배는 천천히 움직였다. 아바나의 불빛이 그다지 환하지 않은 것으로 보아 조류에 밀려 동쪽으로 많이 밀려나 있음을 알 수 있었다.

'아바나의 불빛이 환하게 보이지 않는 걸 보니 동쪽으로 많이 떠나온 게 틀림없어. 고기가 이대로 계속 가더라도 앞으로 몇 시간은 그럭저럭 불빛이 보일 거야. 오늘 그랜드 리그 전의 야구 시합은 어떻게 됐을까? 라디오로 야구 중계를 들으면 좋을 텐데.'

노인은 이런 생각을 하다가 '언제나 고기 생각만 해야지. 자기가 하는 일만 생각해야지. 쓸데없는 생각을 하면 안 돼!'

그리고는 소리 내어 말했다.

"그 애가 함께 있었으면 좋았을 텐데……. 나를 도와주고 구경도 하고 말야."

그렇게 말하고 나니 노인은 혼자 있는 게 아니란 생각을 했다.

'하지만 이건 어떻게 할 수 없는 일이야. 다랑어가 상하기 전에 먹고 기운을 차려야지. 먹고 싶지 않아도 아침은 꼭 먹어야 해.'
하고 스스로에게 일러두었다.

밤중에 돌고래 두 마리가 배 가까이에 나타나 뒤척이고 물을 내뿜는 소리가 들렸다. 노인은 수놈이 물을 뿜는 소리와 암놈이 한숨 쉬듯 뿜는 소리를 구별할 줄 알았다.

"착한 놈들이야. 서로 장난치며 사랑을 하는군. 저놈들도 날치처럼 나와 형제지간이야."

노인은 갑자기 낚시에 걸린 큰 고기가 불쌍하게 느껴졌다. 얼마나 근사하고 얼마나 나이를 먹었을지 생각했다. 이렇게 센 놈과 맞선 일도 없었지만, 이렇게 오랫동안 얌전하게 있는 놈도 처음 보았다. 낚싯줄에 걸린 고기는 너무나 영리해서 크게 요동치며 움직이지도 않았다. 맹렬히 헤엄치거나 돌진했다면 노인은 꼼짝하지 못했을 것이다. 노인은 아마도, 이 물고기가 전에 여러 번 낚싯대에 걸려 고생한 적이 있고, 이렇게 싸워야 한다는 것을 알고 있는 모양이라고 생각했다.

'자기의 상대가 한 사람뿐이고 늙은이라는 것을 알 턱이 없어. 어찌 되었건 간에 굉장한 놈이야. 고깃살이 좋으면 시장에서 얼마나 값을 받을 수 있을까? 수놈답게 미끼에 달려들고, 수놈답게 고깃배를 끌고 가고, 수놈답게 싸우는 데도 당황하는 기색이 없네. 저놈 나름대로 무슨 계획이 있는 건지, 아니면 나처럼 필사적인지 통 모르겠어.'

노인은 언젠가 청새치 한 쌍 중 암놈을 낚던 일을 생각했다. 청새치는 먹을 것을 찾으면 수놈이 항상 암놈에게 먼저 먹게 한다. 그 때 걸린 암놈은 이리저리 자기 몸을 내휘두르며 몸부림을 치다가 기진맥진해 버렸다. 그 동안 수놈은 암놈을 떠나지 않고 낚싯줄 근처를 돌며 배 근처에서 서성였다.

가까이 가 보니 암놈은 그 꼬리가 큰 낫처럼 날카로웠다. 모양이나 크기도 큰 낫과 비슷해서 낚싯줄을 끊어 버리지나 않을까 노인은 걱정했었다. 노인은 암놈을 갈퀴로 잡아 끌어당기고 몽둥이로 내리쳤다. 가장자리가 창날처럼 날카로운 부리를 붙잡고, 머리를 후려갈겨 소년의 도움으로 배 위에 끌어올렸다.

그러는 동안 수놈은 뱃전을 떠나지 않았다. 노인이 낚싯줄을 챙기고 작살을 정리하고 있는데 자기 짝이 어디 있나 보려고 공중으로 뛰어올랐다가 물속으로 떨어졌다. 뛰어오를 때 수놈이 가슴지느러미의 연한 보랏빛 날개를 활짝 펴서 널찍한 줄무늬가 보였다.

'아름다운 놈이었어. 그놈은 끝까지 쫓아왔었지.'

노인은 그때의 추억을 되새겨 보았다. 노인은 그때 일이 고기를 잡으면서 겪은 가장 슬픈 광경이었다고 생각했다. 소년도 슬퍼했었다. 노인과 소년은 그때 용서를 빌고 바로 고기를 칼질해 버렸다.

"그 애가 함께 있으면 좋으련만……."

노인은 다시 한 번 소년이 없는 것을 아쉬워하며 중얼거렸다. 노인은 동그스름한 뱃전에 몸을 기대고, 어깨를 가로질러 메고 있는 낚싯줄을 통해 넓은 바다를 향해 계속 달려가는 큰 고기의 힘을 느꼈다.

'일단 내 간사한 꾀에 걸린 이상, 도박을 하지 않으면 안 되는 것이지. 저놈의 도박은 올가미와 함정을 벗어나 저 어두운 바다 밑에서 버티는 일이다. 그런데 나의 도박도 온갖 인간의 무리에서 벗어나, 아니, 세상 사람들에게서 멀리 떨어져 그 바다 밑까지 놈을 쫓아가는 일이지. 그렇기 때문에 네놈과 나는 이렇게 같이 있는 거야. 점심때부터 우리는 내내 같이 있었잖아. 너나 나나 피차 외톨이지. 우릴 도와줄 수 있는 건 아무것도 없어.'

노인은 문득 '어부가 되지 말걸' 하고 생각하다가 자신은 어쩌면, 이미 태어날 때부터 어부였을지도 모르겠다고 생각했다.

"날이 밝으면 잊지 말고 다랑어부터 먹어야지."

날이 밝기 전에 노인 뒤에 있는 미끼 하나를 뭔가가 물었다. 막대가 부러지는 소리가 났다. 낚싯줄이 뱃전을 스치며 밖으로 풀려 나가기 시작했다.

노인은 어둠 속에서 칼을 꺼내 기대고 있는 왼쪽 어깨로 고기가 잡아 끄는 힘을 막아 내며 풀려 나가는 낚싯줄을 누르면서 잘랐다. 그리고 노인에게 가장 가까운 곳에 있는 낚싯줄도 잘라 버리고는 보조용 낚싯줄 끈을 어둠 속에서 연결했다.

노인은 솜씨있게 이 일을 해치웠다. 매듭을 단단히 매려면 낚싯줄을 눌러야 했는데, 그러기 위해 발을 이용했다. 이렇게 해서 모두 여섯 개의 보조용 낚싯줄이 생겼다. 잘라 낸 미끼에 연결된 것이 둘, 이것들을 모두 이었다.

'날이 밝으면 40길이 되는 낚싯줄도 잘라 내고 그 보조용 낚싯줄을 이 쪽에 쓰자. 결국 2백 길의 낚싯줄과 낚시와 철사 목줄을 잃는 셈이군. 하지만 그런 것은 얼마든지 보충할 수 있는 것들이야. 지금 다른 고기를 잡았다 해도 그것 때문에 나의 귀중한 포획물을 놓칠 수는 없어. 이놈을 놓친다면 무엇이 그것을 보충해 주겠어? 하긴, 나는 지금 낚싯줄을 끊어 살려 준 놈이 정확히 어떤 고기인지도 모르지. 황새치였는지도 몰라. 당겨보지 않았으니까. 어쨌든 잘 잘랐어.'

노인은 다시 큰 소리로 외쳤다.

"그 애가 있었으면 좋을 텐데……."

'무슨 소리를 하는 거야. 지금 나에게는 그 애가 없어. 쓸데없는 생각은 집어치우라고. 자, 이제 어둡든 밝든 마지막 줄을 손질해 두는 게

좋을 거야. 이 줄을 잘라서 보조용 줄을 두 개 마련하는 게 좋다고.'

노인은 이렇게 마음을 고쳐먹고 보조용 줄을 두 개 마련했다. 어둠 속에서 이 일을 하는 것은 무척 힘들었다. 고기가 갑자기 커다란 요동을 치자 노인은 앞으로 고꾸라졌다. 눈밑에 상처가 생겨 피가 뺨을 타고 흘러내렸다. 그러나 턱까지 내려가기 전에 말라 버렸다. 노인은 이물로 기어가서 기대앉아 쉬었다. 자루의 위치를 바꾸어 낚싯줄을 다른 쪽 어깨에 멨다. 그런 다음, 어깨를 중심 삼아 낚싯줄을 잡고 조심스럽게 고기가 어느 정도 힘으로 낚싯줄을 끄는지 알아보고 한 손을 물에 담가 배의 속도를 측정해 보았다.

'이 녀석이 왜 이렇게 엉뚱한 짓을 하는 거야? 아마 목줄이 녀석의 큼직한 등을 긁었나 보군. 그래도 내 등에 비하면 큰 상처는 아닐 거야. 놈이 아무리 큰 놈이라고 해도 이 배를 계속 끌고다니지는 못할 거야. 이제는 나도 할 만큼 했어. 걱정할 거 없어. 예비 낚싯줄은 충분해. 이만큼만 있으면 걱정 없다고.'

그리고는,

"이놈아 나는 죽을 때까지 네놈을 상대해 줄 거야!"

하고 큰 소리로 말했다. 그러다 상냥하게 중얼거렸다.

"이놈은 나를 상대할 거야."

노인은 날이 밝기를 기다렸다.

날이 새기 전이 가장 춥기 때문에 배의 판자에 몸을 눌러 몸을 따뜻하게 하려고 했다. 주위가 조금씩 환해졌다.

낚싯줄은 물 밑으로 곧게 뻗어 있었다. 배는 여전히 바다 위를 미끄러져 나갔다. 해가 수평선에 반짝 얼굴을 내밀었고, 잠시 후에 첫 햇살이 노인의 오른쪽 어깨에 닿았다.

"이놈이 북쪽으로 가네."

'그런데 조류 때문에 우리는 꽤 동쪽으로 밀려갈 것이다. 이 녀석이 조류를 타면 고맙겠는데……. 그것은 이 녀석이 힘이 빠져 지쳤다는 증거니 말이야.'

해가 높이 떴을 때, 노인은 고기가 아직도 지쳐 있지 않다는 것을 알았다. 다만 노인에게 한 가지 유리한 것은, 줄의 경사도로 고기가 얼마쯤 위로 올라왔다는 것을 알 수 있다는 것이었다. 그렇다고 반드시 뛰어오른다고 볼 수는 없었다. 다만 가능성이 있을 뿐이었다.

"하느님, 제발 이놈이 뛰어오르게 해 주십시오. 이놈을 다룰 만한 줄은 얼마든지 있습니다."

'만약 내가 세게 당기면 아파서 이놈은 뛰어오를지도 몰라. 이제 날이 밝았으니 뛰어오를 거야. 부레에 공기를 가득 넣고 말야. 이 녀석은 깊은 곳에서 그냥 이대로 죽지 않을 거야.'

노인은 이런 생각을 하고 줄을 좀더 팽팽히 당기려 했다. 하지만 끊어질 만큼 팽팽하게 당겨서 뒤로 젖히며 힘을 주니, 아직도 반응이 강해 더 이상 세게 당길 수가 없었다.

'갑자기 당겨선 안 돼. 왈칵 당길 때마다 낚시에 걸려 있는 상처가 커질지 몰라. 그렇게 되면 고기가 떠올랐을 때 자칫하다가 낚싯바늘이 빠질지도 몰라. 어찌 되었든 해가 뜨니 기운이 나는군. 이제는 해를 똑바로 보지 않아도 되겠군.'

낚싯줄에 노란 바닷말이 붙어 있는 것을 보고 노인은 기뻤다. 왜냐하면 바닷말 때문에 고기는 배를 끌고가기가 더 힘들 것이기 때문이다. 밤에 그렇게 많은 빛을 발하며 빛나던 것이 바로 이 노란 바닷말이었던 것이다.

"고기야, 너는 아주 맘에 드는 놈이야. 제법 용해. 하지만 나는 널 해지기 전에 꼭 죽이고 말 거야."

노인은 이렇게 말하고는 그대로 되기를 바랐다.

북쪽에서 작은 새가 배를 향해 날아왔다. 휘파람새였다. 휘파람새는 수면 위로 아주 낮게 날아왔다. 새는 무척 지쳐 있었다. 배 뒤편에 날아와 앉았다가 곧 날아오르더니 노인의 머리 위를 빙빙 돌았다. 그리고 더 편안한 낚싯줄 위에 앉았다.

"몇 살이니?"

노인은 새에게 물었다.

"이번 여행은 처음이니?"

노인이 새에게 말을 걸었을 때 새도 노인을 바라보았다. 새는 너무 지쳐서 줄을 살펴보지도 않고 낚싯줄에 앉아, 가냘픈 발가락으로 줄을 꽉 잡고 아래위로 흔들렸다.

"튼튼한 줄이니 염려하지 않아도 돼. 간밤에 바람도 없었는데 그렇게 지쳐서야 되겠니? 도대체 무엇을 하러 이렇게 멀리 나왔니?"

'네놈을 노리고 매들이 바다 위에 나타날 텐데…….'

노인은 이렇게 생각했지만 새에게 직접 말하지는 않았다. 알아듣지 못하는 새에게 말해 봐야 소용도 없고, 잠시 후면 이 새도 바다에 자기를 노리는 매가 있음을 알게 될 것이라고 생각했기 때문이다.

"푹 쉬었다 가라, 작은 새야. 그리고 날아가서 네 기회를 잡으렴. 인간이나 새나 물고기나 모두 마찬가지야."

노인은 새에게 말을 거는 것으로, 밤 사이에 뻣뻣해진 등이 아파 오는 것을 잊으려고 했다.

"네 마음에 든다면 여기 있어도 돼, 작은 새야. 마침 바람도 불고, 너를 데려다 주고 싶지만 지금은 돛을 달 수가 없단다. 미안해, 작은 새야. 동행이 있어서 말이야."

그 때였다. 고기가 별안간 바닷속으로 깊이 들어갔다. 노인은 얼떨결

에 넘어졌다. 재빨리 몸을 세워 낚싯줄을 풀어 주지 않았다면 위기를 당할 뻔했다. 자칫했으면 바닷속으로 끌려들어갈 뻔했던 것이다.

줄이 아래로 당겨질 때 새는 놀라서 날아가 버렸다. 노인은 날아가는 새를 보지 않았다. 오른손으로 조심스럽게 줄을 만지다가 손에서 피가 나는 것을 보았다.

"고기가 아팠던 모양이야."

노인은 이렇게 말하고, 고기의 방향을 바꿀 수 있는지 가만히 줄을 당겨 보았으나 줄은 팽팽해서 끊어질 지경이었다. 노인은 줄을 단단히 쥐고 그대로 버렸다.

"이놈아. 너도 이제 내가 당긴다는 것을 알고 있구나. 하지만 나도 널 알고 있어."

노인은 그 때서야 새가 생각났다. 친구가 될 누군가가 그리웠던 것이다. 새가 있었으면 좋겠다는 생각으로 주위를 둘러보았지만, 새는 이미 날아가 버리고 눈에 보이지도 않았다.

"그 녀석, 오래 쉬지도 않고 가 버렸네."

그리고 계속 스스로에게 말했다.

"너도 이렇게 오랫동안 어물쩡거릴 수는 없어."

노인은 자기가 해안에 닿기 전까지 더 힘든 일이 기다리고 있을 것으로 생각했다. 그리고 고기가 갑자기 끌어당겨서 다친 것에 대해 곰곰이 생각했다.

'나도 이젠 많이 늙었어. 아니, 새에게 정신이 팔려서 그런 거야. 자, 마음을 다잡고 고기 잡는 일에 열중하자. 다랑어도 먹어야겠다. 그래 야 정신을 차리고 힘을 내어 이놈과 싸울 수 있지.'

그런 생각을 하니 소년이 생각났다.

"그 애가 있었으면 얼마나 좋을까? 그리고 소금도 있으면 좋겠는데……."

노인은 낚싯줄의 무게를 왼쪽 어깨로 옮긴 다음, 조심스럽게 무릎을 꿇고 바닷물에 손을 씻었다. 노인은 잠시 동안, 손에서 나는 피가 물 속에서 실처럼 꼬리를 흔들며 흐르는 것을 바라보았다. 배가 움직이는 대로 물의 끊임없는 움직임이 손에 전해져 왔다. 배의 속력이 줄었다.

노인은 손을 좀더 바닷물에 담가 두고 싶었지만, 고기가 또 몸부림을 칠까 봐 발을 버티고 몸을 일으켜 햇빛에 손을 들어 보았다. 낚싯줄이 갑자기 풀려 나가면서 껍질이 조금 벗겨져 있었다. 하지만 다친 부분은 낚시를 하는 데 큰 역할을 하는 부분이라서 일이 끝날 때까지 상처를 입히고 싶지 않았다.

노인은 손이 마르자 이렇게 말했다.

"자, 이제 다랑어를 먹어야지. 갈퀴로 끌어다가 여기서 편하게 먹어야겠다."

노인은 허리를 구부려 고물 쪽에 던져 두었던 다랑어를 낚싯줄에 닿지 않도록 잡아당겼다. 그리고 다시 왼쪽 어깨에 줄을 메고 왼팔과 손에 힘을 주어 갈퀴에서 다랑어를 뺀 후 갈퀴는 제자리에 놓았다.

한쪽 무릎으로 고기를 누르고, 등의 선을 따라 머리에서 꼬리까지 검붉은 살을 깊숙하고, 길게 잘랐다.

다음에는 쐐기 모양의 살점을 등뼈부터 배까지 바짝 베었다. 여섯 등분으로 잘라 뱃머리의 판자 위에 가지런히 놓고, 칼에 묻은 피를 바지에 쓰윽 문질러 닦았다. 그리고 꼬리뼈를 배 밖으로 던졌다.

"다 먹을 수는 없을 것 같군."

노인은 이렇게 중얼거리면서 칼끝으로 다랑어의 살점을 찔렀다. 그 순간 낚싯줄이 휙 당겨졌다. 그 바람에 노인의 왼손에 쥐가 났다. 무거운 낚싯줄을 쥔 손이 오그라들어 노인은 괴로운 표정을 지었다.

"어떻게 생겨먹은 손이야? 그래, 경련을 일으켜라. 독수리의 발톱이 되라. 그래 봐야 별 소용 없을 테니까."

노인은 어두운 물 속으로 비스듬히 내려간 줄을 보았다. 그리고 지금, 다랑어를 먹어야겠다고 생각했다. 지금 다랑어를 먹지 않으면 손에 기력이 떨어진다. 노인은 자기 손이 결코 약한 것이 아니라고 여겼다. 다만 오랫동안 고기와 결투를 해서 기력이 약해진 것이라고 스스로를 위로했다. 그러면서 끝까지 고기와 상대하리라 마음먹었다.

노인은 저며 놓은 살점을 집어 입에 넣고 천천히 씹었다. 맛이 그리 나쁘지 않았다.

'다랑어를 잘 씹어서 모두 내 피가 되게 해야 해. 귤이나 레몬이 있으면 좋을 텐데……. 하다못해 소금이라도 있으면 좋을 텐데…….'

노인은 쥐가 난 왼손을 보며,

"그래, 좀 어때?"

하고 말했다. 왼손은 하얗게 경직되어 있었다.

"너를 위해 다랑어를 좀 먹었어."

하고 말했다.

노인은 잘라 놓은 나머지 다랑어 살점을 조심조심 씹어먹고 껍질을 뱉었다.

"좀 효과가 생겼나? 금방 알 수가 없단 말야."

노인은 다른 한쪽을 집어 토막을 내지 않고 씹어먹었다. 싱싱하고 피가 많았다.

"돌고래가 아니라 정말 다행이야. 돌고래 맛은 다랑어 맛보다 못해. 너무 달단 말이야. 다랑어는 단맛은 없지만 그 살 속에 힘이 들어 있지."

그런 생각을 하다가 영양분만 따지는 것은 너무 시시하다는 생각이 들었다. 보다 실질적인 것을 생각해야 했다.

"소금이 있으면 좋을 텐데……. 아니, 볕을 쬐면 상할지도 모르니까 배가 고프지 않아도 모두 먹어 두는 게 좋겠어. 아, 그런데 바닷속에 있는 이놈은 전혀 움직임이 없네. 먹을 수 있을 만큼 먹어 두고 이놈이 움직이는 것을 기다려야겠어."

그리고 노인은 왼손을 보고 말했다.

"이봐. 버텨야 해. 너를 위해서 먹는 거라고!"

노인은 바닷속에 있는 물고기를 생각했다. 노인과 힘겨루기를 하는 물고기를 말이다. 그놈에게도 뭔가를 먹여 주고 싶다는 생각을 했다.

'바닷속 저놈은 나의 형제같아. 하지만 나는 놈을 죽여야 해. 저놈을 죽이기 위해서는 힘이 있어야 해.'

노인은 천천히 쐐기 모양으로 생긴 다랑어의 살 토막을 다 먹고 나서 허리를 쭉 펴고 바지에다 손을 닦았다.

"자아, 왼손! 줄을 놓아 봐. 네가 잠시 쉬는 동안 네 친구 오른손이 대신 고기를 다루어 줄 거야."

노인은 왼손으로 잡고 있던 낚싯줄에 왼발을 걸어, 등허리를 죄는 압력에 저항하여 그것을 깔아 뭉개듯이 반듯하게 누웠다.

"하느님, 제발 쥐가 풀리게 해 주세요. 고기가 어쩔 작정인지 모르겠습니다. 저 녀석이 어떤 마음을 품고 있는지 정말 모르겠습니다."

노인은 기도했다.

어느 새 고기는 온순해졌다. 조용히 자기 계획을 실행해 나가는 것 같았다.

"저놈은 도대체 어쩔 작정인지 모르겠어. 나는 저 녀석이 어떻게 하느냐에 따라 방법을 달리해야 해. 굉장히 큰놈이니까 말야. 뛰어오르기만 하면 무슨 수를 쓸 수 있을 텐데……. 놈은 끝까지 버틸 모양이군. 그렇다면 나도 너처럼 이렇게 버틸 수밖에……."

노인은 쥐가 난 손을 바지에 비벼 손가락의 경련을 풀어 보려고 했다. 하지만 쥐는 전혀 풀어지지 않았다.

'해가 떠오르면 쥐가 풀릴 거야. 내가 먹은 싱싱한 다랑어가 위 속에서 소화되면 반드시 풀릴 거야. 아주 급하면 어떻게 해서라도 풀어 놓겠어. 하지만 지금은 억지로 풀지 말아야지. 저절로 펴질 때까지 기다려야지. 너무 무리했던 모양이야. 밤새도록 낚싯줄을 풀었다 메었다 해서 그런가 봐.'

노인은 바다를 둘러보며 새삼스럽게 자기가 외롭다는 것을 뼈저리게 느꼈다.

노인은 거무스름하게 깊은 물 속에 일곱 가지 빛을 내는 프리즘을 보았다. 그리고 잔잔한 물결을 보았다. 무역풍(남·북회귀선 가까이에서 적도 쪽으로 일 년 내내 일정한 방향으로 부는 바람)을 따라 뭉게구름이 피어올랐다. 눈앞에는 물오리 떼가 선명하게 나타났다가 희미하게 사라졌다가 하며 바다 위를 건너가고 있었다. 노인은 바다에는 고독이 없다고 생각했다.

그러나 어떤 뱃사람은 배를 타고 멀리 나가 육지가 보이지 않으면 무서움에 떤다. 날씨가 자주 바뀌는 철에는 더욱 겁이 나게 마련이다.

그런데 9월은 태풍의 계절이었다. 이 계절에 태풍이 일지 않는다면, 1년 중 가장 고기잡이에 좋은 시기다. 태풍이 올 때에는 며칠 전부터 조짐이 있다. 먼 바다에 나오면 그 조짐을 더욱 잘 알 수 있다. 그러나 육지에서는 아무것도 모른다. 물론 더러 알기도 하지만 그것은 구름 모양이나 그 밖의 것으로 대충 짐작하는 정도다.

하늘을 지그시 바라보던 노인은 태풍이 오지 않으리라는 것을 알 수 있었다. 하늘에는 아이스크림 같은 하얀 뭉게구름이 보였다. 위쪽으로는 엷은 깃 같은 새털구름이 있었다.

9월의 하늘은 이런 구름 모양으로 가득하다.

"아주 가벼운 브리사(에스파냐 어로 '미풍'이란 뜻)군. 고기야, 너보다는 내게 훨씬 유리하게 상황이 진행되는 것 같구나. 나에게 유리한 맑은 날씨야."

왼손은 아직도 쥐가 나 있었다. 노인은 가만히 쥐를 풀어 보려고 했다.

'쥐는 아주 성가신 놈이야. 자기 몸이 스스로 항거하는 거야. 남들이 보는 데서 식중독을 일으켜 설사를 하는 것도 꼴불견이지만 이 경련은 더욱 꼴사납지. 특히 혼자 있을 때는 더욱 꼴사나워……. 이럴 때 그 애가 있으면, 팔 앞쪽부터 주물러서 풀어 주었을 텐데…….'

노인은 또 다시 소년을 생각했다.

"아마도 곧 쥐가 풀릴 거야."

## 고기의 출현

그 때 노인은 오른손을 당기는 줄의 변화를 느꼈다. 줄의 경사도가 달라진 것이다. 몸을 젖혀 줄을 당기고, 왼손을 허벅지에 세게 내리쳤더니 얼마 안 있어 줄이 서서히 위로 올라왔다.

"이제, 서서히 이놈이 올라오는구나. 손닿는 데까지 올라오렴. 제발 올라오렴."

낚싯줄은 천천히 올라왔다. 배 앞으로 있는 바닷물이 부풀어오르더니 고기의 모습이 보였다. 그러나 온몸을 드러내지는 않았다. 올라오면서 등 양쪽으로 물이 쏟아졌다. 햇빛을 받아 반짝이는 머리와 등은 짙은 보라색이었다. 배에 있는 연한 줄무늬는 연보라색으로 빛났다. 부리는

야구 방망이만큼 길고, 쌍날의 칼처럼 끝이 뾰족했다. 물 위로 겨우 온몸을 드러내더니 천천히 잠수부처럼 물 속으로 다시 들어갔다. 노인은 고기의 커다란 낫의 날 같은 꼬리가 물 속으로 들어가는 것과, 낚싯줄이 빠르게 풀려 나가는 것을 보았다.

"내 배보다 60센티미터나 길군."

낚싯줄은 일정한 속도로 풀려 나갔다. 이것은 고기가 당황하지 않고 있다는 뜻이었다. 노인은 낚싯줄이 끊어지지 않도록 두손으로 줄을 잡아당겼다. 적당히 당기지 않으면 고기가 줄을 모두 풀어 내어 끊어 버린다는 것을 알고 있었다.

'무섭게 큰놈이군. 저놈에게 본때를 보여 줘야겠어. 제 힘을 함부로 쓰지 못하게 해야지. 달리기만 하면 무엇이든 할 수 있다는 것을 알게 해선 안 돼. 내가 저놈이라면 모든 것을 다 걸고 어떻게든 해 볼

텐데. 그러나 고맙게도 고기는 사람만큼 영리하지 못하지. 우리보다 힘이 세다고 해도 말이야.'

노인은 큰 고기를 많이 보아 왔다. 500킬로그램 이상 되는 큰 고기도 보았다. 그리고 그만한 놈을 두 마리나 잡은 적도 있었다. 하지만 모두 혼자 잡은 것이 아니었다. 지금은 육지도 보이지 않을 만큼 먼 곳에서, 이제껏 본 것 중에서 가장 크고, 이야기 들은 것 중 가장 큰 고기와 혼자서 싸우고 있는 것이다.

왼손은 여전히 쥐가 풀리지 않았다.

'풀릴 때가 되면 풀릴 거야. 꼭 풀려서 오른손을 도와줄 거라고. 그래, 형제가 셋 있는데 그건 지금, 이 고기와 내 두 손이지. 틀림없이 풀릴 거야. 쥐가 나는 건 곤란한 일이야.'

고기는 다시 속도를 늦추었다.

"아까 저놈은 왜 뛰어오른 걸까?"

노인은 고개를 갸웃거렸다.

"자기가 얼마나 큰지 보여 주고 싶었던 걸까? 어쨌든 저놈이 얼마나 큰지 알았다. 나도 저놈에게 내가 어떤 사람인지 보여 주고 싶은데……. 그런데 그러면 저놈은 쥐가 난 내 왼손을 보겠군. 하지만 나는 내가 얼마나 강한 사람인지 꼭 저놈에게 보여 줄 거야."

노인은 이물에 몸을 기대고는 덮쳐 오는 고통을 견뎌 냈다. 고기는 꾸준히 헤엄쳐 배를 어두운 물 위로 천천히 끌고 갔다. 바람이 동쪽에서 불기 시작하면서 파도가 조금 일었다. 정오가 되자 왼손의 쥐가 풀렸다.

"이봐! 내 왼손의 쥐가 풀렸다고. 네놈에게는 나쁜 소식이지!"

노인은 등허리에 걸친 사루 위로 낚싯줄을 옮겼다. 노인은 침착했지만 괴로웠다. 하지만 자기의 괴로움을 인정하지 않으려고 했다.

"나는 신앙이 깊은 사람은 아니야. 하지만 이 고기를 잡기 위해서라면 '주기도문'과 '성모송'의 기도문을 열 번씩이라도 외우겠어. 만약 내가 고기를 잡으면 코브레의 성녀를 찾아가 예배하겠어. 자, 맹세한다고."

노인은 이렇게 말하고는 기도문을 중얼중얼 외우기 시작했다. 너무 피곤하고 지쳐서 기도문의 구절을 자꾸 잊어버렸다.

'제기랄! 이럴 땐 어떻게 하지? 저절로 기도문이 나오도록 빨리 외우는 건 어떨까? '주기도문'보다는 '성모송'이 더 쉽겠는걸.'

이렇게 생각한 노인은 성모송을 외우기 시작했다.

"은총이 가득하신 마리아여, 기뻐하소서. 주께서 함께 계시사 여인 중에 복되시며 태중의 아들 예수 또한 복되시도다. 천주의 성모 마리아여! 우리 죽을 때에 우리 죄인을 위하여 비소서. 아멘."

그리고는 덧붙여서,

"거룩하신 마리아님, 이 고기의 죽음을 위해 기도해 주십시오. 꽤 훌륭한 놈입니다."

하고 기도했다.

기도를 마치고 나니 기운이 웬만큼 솟는 것 같았다. 하지만 고통은 여전했다. 아니, 더 심해진 것 같았다. 노인은 뱃머리에 기대어 다시 왼손의 손가락을 무의식적으로 폈다 오므렸다를 반복했다. 미풍이 불었으나 햇볕은 따가웠다.

"짧은 줄에도 미끼를 하나 더 달아 볼까? 저 녀석이 하룻밤 더 버틸 거라면 나도 먹어 두어야 해. 물도 이제 얼마 남지 않았어. 이 부근에서는 돌고래밖에 잡히지 않을 거야. 그래도 싱싱할 때 먹으면 그렇게 나쁘지는 않을 거야. 밤중에 날치를 유인할 불이 없으니 날치를 잡기는 어려울 테고. 날치는 날로 먹어도 맛이 끝내 주는데, 칼질을 하지 않아도 되는데……. 이제 될 수 있는 한 힘을 아껴야 해. 제기랄. 저렇게 큰놈인 줄은 꿈에도 몰랐네. 그래도 죽이고 말 거야. 아무리 훌륭하고 멋진 놈이라도 꼭 이겨서 죽일 테야. 그리고 내가 얼마나 인내심이 있는지 보여 줘야겠어. 지금이야말로 나의 위력을 보여줄 때야."

노인은, 인간은 무슨 일이든지 할 수 있다는 것을 놈에게 알려 주어야겠다고 생각했다. 인간은 무슨 일이든 견딜 수 있다는 것을 가르쳐 주어야겠다고 생각했다.

노인은 언젠가 소년이 했던 말이 떠올랐다. 소년은 노인이 별나다고 말했다. 노인은 지금이야말로 자기가 별난 사람이라는 것을 증명할 수 있는 때라고 여겼다. 이제까지 노인은 수도 없이 그것을 증명하려고 했지만 번번이 그렇게 하지 못했다. 그런데 지금, 그것을 증명하려는 것이다. 기회는 그것을 잡으려 하는 자에게 항상 새롭다. 노인은 예전의 자기가 이룬 공로 따위는 생각하지 않았다.

"놈이 자면 좋겠는데…… 그러면 나도 한숨 잘 수 있을 텐데…… 잠들어 사자꿈을 꾸고 싶군. 그런데 왜 느닷없이 사자꿈이야? 자아, 늙은이! 생각하지 말고 그냥 쉬라고. 몸을 편안히 하고 느긋하게 쉬는 것이 제일이야. 아무런 생각도 하지 말라고. 고기가 열심히 일하고 있는 동안 너는 쉬고 있으라고."

노인은 스스로에게 타일렀다.

오후로 접어들었지만 배는 여전히 천천히 움직였다.

동쪽에서 불어오는 미풍이 더욱 강해져 노인은 잔잔한 바다를 미끄러지듯이 나아갔고, 파고드는 낚싯줄의 아픔을 견디기가 더욱 힘들어졌다. 오후에 다시 한 번 낚싯줄이 올라오기 시작했다. 그러나 고기는 바닷속 조금 얕은 곳에서 헤엄을 칠 뿐이었다. 해는 노인의 왼팔과 어깨, 등을 비추었다. 노인은 그래서 고기가 북동쪽으로 방향을 돌린 것을 알아챘다. 한번 고기를 보았기 때문에, 보랏빛 가슴 지느러미를 날개처럼 활짝 펴고, 꼬리를 빳빳이 세운 채 어두운 물 속을 가르면서 나아가는 고기의 모습을 그려볼 수 있었다.

"저렇게 깊은 데서 고기는 어떻게 멀리까지 볼 수 있을까? 그리고 보니 물고기의 눈은 아주 컸어. 말의 눈은 저놈보다 훨씬 작지만 밤눈이 좋지. 나도 예전에는 어둠 속에서도 잘 보았었어. 아주 깜깜한 곳에서는 볼 수 없었지만 말야. 고양이 눈만큼은 됐었지."

햇볕이 따뜻하였고, 손가락을 꾸준히 움직여서 이제 왼손은 쥐가 완전히 풀렸다. 그래서 왼손에 힘을 주어 등의 근육을 움츠리게 해서, 줄이 닿아 아픈 곳을 풀었다.

"고기야, 네가 아직도 지치지 않았다면 넌 이상한 고기야."

노인은 어지간히 지쳐 있었고 곧 밤이 되기 때문에 다른 생각을 하려고 했다. 그는 야구 경기를 생각했는데, 그냥 리가스라는 에스파냐 어로 생각했다. 뉴욕 양키스 팀과 디트로이트 타이거스 팀과의 시합을 생각했다.

'오늘이 이틀쨍데. 시합 결과는 어떻게 됐을까? 그러나 자신을 가져야 해. 뒤꿈치 뼈를 다쳤는데도 최후까지 참고 승부를 겨룬 위대한 디마지오에 지지 않아야 된다고. 뼈가 아픈 것을 뭐라고 하더라……. 그래, 뼈가 고장이 난 거야. 우리는 그런 병에 안 걸린다고. 닭싸움하는 닭의 발톱을 뒤꿈치에 박은 것만큼이나 아플까? 그 정도라면 못 견딜 것 같고……. 닭싸움하는 닭처럼 한쪽이나, 두쪽 눈을 모두 잃으면서까지 싸움을 계속 하지는 못할 것 같아. 위대한 새나 짐승에 비해 사람은 그리 대수로운 게 못 된다. 그래도 나는 어두운 바닷속에 있는 저런 놈이 되고 싶어.'

이런 생각을 하다가 문득 자기에게 이렇게 말했다.

"상어만 나오지 않으면 좋겠어. 상어가 나오면 너나 나나 가엾은 꼴이 된단다."

'위대한 디마지오라면 지금 내가 이놈하고 맞서는 것만큼 고기하고 겨룰 수 있을까?'

노인은 디마지오는 확실히 할 수 있을 것이라고 생각했다. 디마지오는 자기보다 젊고 기운도 세니까 더 잘 견딜지도 모른다고 생각했다.

"디마지오 아버지는 어부였어. 그런데 발뒤꿈치 뼈를 다치면 그렇게 아플까? 에이, 알게 뭐야. 발뒤꿈치를 다친 적도 없고, 아파본 적도 없으니!"

　해가 지자, 노인은 용기를 얻으려고 카사블랑카 항구 술집에서 제일 힘이 세다는 시엔푸에고스에서 온 거인 흑인과 팔씨름을 하던 생각을 했다.

　테이블에 분필로 표시한 선 위에 팔꿈치를 올려놓고 팔을 똑바로 세우고, 상대편 손을 움켜잡은 채 하루 낮 하루 밤을 보냈다. 모두들 상대편의 손을 테이블로 넘어뜨리려고 애를 썼다.

　많은 사람들이 돈을 걸었고 석유 불빛이 켜진 방을 들락날락했다. 노인은 흑인의 팔과 손과 얼굴을 보았다.

　처음 여덟 시간이 지나자, 심판이 잠을 자도록 네 시간마다 심판을 바꿨다. 노인도, 흑인도, 손톱 밑에서 피가 스며 나왔다. 서로 상대편의 눈과 손과 팔에서 눈을 떼지 않았다. 돈을 건 사람들은 번갈아 들어왔다 나갔다 하며, 벽 앞의 높은 의자에 걸터앉아 지켜보았다.

판자로 된 벽은 파란 페인트가 칠해져 있었고, 등불은 벽에 사람들의 그림자를 크게 비추었다. 불이 약한 바람에 흔들릴 때마다 흑인의 커다란 그림자도 함께 흔들렸다.

승부는 밤이 새도록 나지 않았다. 모두들 흑인에게 럼주를 먹여 주기도 하고 담뱃불을 붙여 주기도 했다. 흑인은 럼주를 한 잔 마실 때마다 용을 쓰며 덤볐다. 한 번은 노인이 3인치 정도 밀려 하마터면 질 뻔했다. 그러나 팔을 다시 제 위치로 되밀어 보냈다. 노인은 그 때, 흑인을 이겼다고 생각했다.

새벽녘이 되자 사람들은 비긴 시합으로 하면 어떻겠느냐고 말했다. 심판도 고개를 갸웃거렸다. 노인은 마지막 힘을 다 쏟아 흑인의 손을 세게 밀어붙였다. 마침내 흑인의 손이 테이블 위로 찰싹 쓰러지고 말았다.

일요일 아침에 시작된 팔씨름은 월요일 아침이 되어 승부가 났다. 돈을 건 사람들은 몇 번이나 비긴 것으로 하자고 했다. 왜냐하면, 그들의 대부분은 부두로 일을 하러 가야 하거나 아바나 석탄 회사에 출근을 해야 했기 때문이었다. 그렇지 않다면야 결판이 날 때까지 팔씨름을 보고 싶었다.

노인은 모두가 일을 하러 갈 수 있도록 결판을 낸 것이다.

그 후 얼마 동안 사람들은 노인을 챔피언이라고 불렀다. 그리고 봄에는 복수전도 있었다. 그러나 이번에는 사람들이 큰 돈을 걸지 않았다. 제1회전에서 시엔푸에고스 태생인 흑인의 콧대를 꺾어 놓았기 때문이었다. 노인은 건 돈을 쉽게 차지했고, 그 후에도 두세 번 승부를 겨루었다. 마음만 먹으면 어떤 놈이든 이길 수 있었지만, 그 뒤부터는 팔씨름을 하지 않았다.

고기잡이를 하려면 오른손이 중요하기 때문에 왼손으로 두세 번 시합을 한 일이 있었다. 그런데 왼손으로 팔씨름을 할 때마다 지는 것이었다. 그 때부터 노인은 왼손을 믿지 않았다.

'햇볕이 효험이 있겠지. 햇볕을 받은 바닷물이 밤이 되어서 너무 차지만 않다면 다시는 왼손이 경련을 일으키지 않을 거야. 그런데 오늘 밤은 도대체 어떻게 될까?'

비행기가 그의 머리 위를 지나 마이애미 쪽으로 날아갔다. 비행기 그림자에 놀라서 날치들이 뛰어올랐다.

"날치가 저렇게 많으니……. 분명히 돌고래가 있을 거야."

그리고는 어깨에 걸친 낚싯줄에 기대듯 몸을 뒤로 젖혀 줄을 조금 당길 수 있는지 알아보았다. 그러나 물 속의 고기는 꿈쩍도 하지 않았다. 낚싯줄은 곧 끊어질 것처럼 물보라를 튀기며 흔들렸다. 배는 천천히 미끄러져 나갔다.

노인은 비행기 쪽으로 눈길을 돌려 비행기가 보이지 않을 때까지 바라보았다.

'비행기를 타면 어떤 기분이 들까? 기분이 묘하겠지. 저렇게 높은 하늘에서 바다를 내려다보면 바다는 어떻게 보일까? 그다지 높이 날지 않으면 바닷속에 있는 물고기가 보일지도 몰라. 2백 길 정도의 높이에서 천천히 날면서 바다를 봤으면 좋겠어.'

'예전에 바다거북잡이 배를 탔을 때 돛대 꼭대기에서 밑을 내려다 본 적이 있었지. 그 정도의 높이에서도 꽤 잘 보였었어. 거기서 보면 돌고래는 짙은 녹색으로 보였는데……. 줄무늬랑 보랏빛 반점이 보이고 떼지어 헤엄치는 모습도 볼 수 있었지. 어두운 조류에서 재빠르게 움직이는 고기들은 모두 보랏빛 등을 가지고 있고, 약속이나 한 듯이 보랏빛 줄무늬와 반점이 있지. 그 이유는 무엇일까? 돌고래도 실제는 금빛인데 녹색으로 보이지. 그러나 배가 고파서 무엇을 먹기 시작하면 돛새치처럼 보랏빛 줄무늬가 옆구리에 나타나던데……. 그것은 화가 났다는 증거일까? 아니면 너무 빠른 속도로 헤엄쳐서 그런 걸까?'

노인은 비행기를 보고 나서 이런저런 생각으로 시간을 보냈다.

차츰 어두워지기 시작할 무렵, 배는 섬처럼 솟아오른 바닷말 곁을 지났다.

그 바닷말은 잔잔했다가 찰랑거렸다가 하는 변덕스러운 바닷물에 부대끼며 떠돌고 있었다. 마치 바다가 노란 담요 밑에서 무엇인가와 사랑을 나누고 있는 것 같았다.

그 때, 돌고래 한 마리가 짧은 낚싯줄을 물었다. 불쑥 물 위로 뛰어오른 돌고래는 비늘이 저녁노을을 받아 금빛으로 반짝거렸다. 돌고래는 허공에서 몸을 비비 꼬며 잇달아 몇 번 뛰어올랐다. 공포의 곡예 같았다.

노인은 고물 쪽으로 다가가 거기에 웅크리고 앉아, 오른손에 큰 낚싯줄을 잡고 왼손으로 당기기 시작했다. 노인은 조금씩 낚싯줄을 당겨 왼발로 지그시 눌렀다. 겨우 돌고래를 배 가까이 당겼으나 돌고래는 미친 듯이 날뛰었다.

노인은 배 밖으로 몸을 내밀고 그 보랏빛 반점이 있는, 닦은 것처럼 빛나는 금빛 물고기를 끌어올렸다. 길고 납작한 돌고래가 바둥거렸다. 노인은 돌고래의 머리를 여러 번 몽둥이로 내리쳤다. 마침내, 돌고래가 부르르 떨더니 더 이상 움직이지 않았다.

노인은 정어리를 미끼로 달아 낚싯줄을 바다에 던졌다. 그리고 천천히 이물로 돌아왔다. 왼손을 씻어 바지에다 문질러 닦았다. 다음에는 오른손의 무거운 낚싯줄을 왼손으로 바꿔 잡고 오른손을 바닷물에 씻었다. 그렇게 하면서 노인은 막 바다 밑으로 잠기려는 해를 지그시 바라보았다. 그리고 큰 낚싯줄의 기울기를 살폈다.

"허허, 이 녀석. 아직도 힘이 조금도 빠지지 않았네."

그리고 손을 바닷물에 넣어 보았다. 생각과는 달리 손에 닿는 물의 저항감으로 보아 고기의 움직이는 속도가 약간 느려졌다는 것을 알 수 있었다.

"노를 모두 물에 띄워 배에 매어 두어야겠어. 밤이 되면 속력이 떨어질 테니 말야. 이 녀석은 밤이 되면 힘을 내거든. 하지만 나도 밤이 되면 힘이 더 나지."

노인은 입 밖으로 소리내어 말했다.

"돌고래는 잡아 조금 후에 요리를 해야 피가 적게 흐르지. 좀더 있다가 요리를 해 먹어야겠어. 참, 노는 묶어 두어야지. 그렇게 하면 고기의 힘을 뺄 수가 있으니까. 얼마 동안 고기를 건드리지 말아야지. 저녁에는 가만 두는 것이 좋아. 무슨 고기든 해질 무렵에는 다루기가 힘들거든."

노인은 이런 생각을 하며 바람에 손을 말린 다음 낚싯줄을 잡아 될 수 있는 대로 몸을 편하게 하고, 뱃머리에 기대어 고기가 끄는 대로 배를 내맡겨 두었다. 이렇게 있으면 자기가 당기는 만큼, 아니 그 이상을 배가 떠맡아 줄 수 있었다.

'이제 요령을 알았어. 당분간 이대로 있자. 그렇지! 이놈은 미끼를 문 다음부터는 아무것도 먹지 않았어. 덩치가 저렇게 크니 무척 많이 먹을 거야. 나는 다랑어를 한 마리 먹었지. 내일은 아까 잡은 돌고래를 맛있게 요리해서 먹어야지. 물론 다랑어보다는 먹기가 힘들어. 하지만 따지고 보면 세상에 쉬운 일이 어디 있겠어.'

그런 생각을 하다가 노인은 바닷속에 있는 물고기에게 큰 소리로 말했다.

"이봐, 넌 어때? 나는 아직도 팔팔하다고. 왼손이 다 나았어. 양식도 오늘 밤부터 내일 점심때까지 먹을 것이 준비되어 있지. 자, 배를 끌어. 배를 끌라고!"

하지만 노인은 체력이 좋지 않았다. 등에 난 상처는 아프다 못해 거의 감각이 없어졌다.

그러나 노인은 점점 나아지고 있다고 생각했다.

'오른손에 조금 찰과상이 있는 정도야. 왼손의 쥐도 다 나았어. 다리는 멀쩡해. 게다가 나는 내일 양식까지 있으니 놈보다 유리하지.'

해가 지면 9월의 바다는 금방 어스름해진다. 벌써 바다는 어두워졌다. 노인은 이물의 판자에 등을 기대고 될 수 있는 대로 몸을 편하게 했다. 처음으로 별이 하나 나타났다.

노인은 별을 보았지만 그 별의 이름이 '리겔'이라는 것은 몰랐다. 그러나 곧 많은 별이 뜨고, 멀리 있는 별친구들을 더 많이 갖게 되리라는 사실은 알고 있었다.

"참, 별뿐 아니라 고기도 내 친구지. 이런 고기는 본 적도 들은 적도 없어. 하지만 나는 놈을 죽여야 해. 그게 우리의 운명인걸. 하지만 별을 죽이지 않아도 되는 건 행운이야."

'사람이 달을 죽이려고 날마다 버둥거린다면 어떻게 될까?'

그러면 달은 아마도 달아나고 말 것이다.

'그리고 만일 해를 죽이려 한다면 어떻게 될까? 도대체 어떤 일이 우리에게 일어날까? 우리가 별이 아닌 고기를 죽일 수 있도록 태어난 것은 참으로 다행스런 일이야.'

그런 생각을 하니 어쩐지 바닷속에 있는 고기가 불쌍해졌다. 그러나 물고기를 죽이려는 마음은 결코 동정심에 지지 않았다.

'저 한 마리로 꽤 많은 사람들이 배불리 먹을 수 있을 거야. 그런데

우리 인간은 저 녀석을 먹을 가치가 있을까? 아니, 아니. 없어! 우린 그런 가치가 없어. 말할 것도 없이 말야. 저 당당한 물고기의 행동, 저 위엄, 아마도 저 녀석을 먹을 만한 가치가 있는 인간은 한 사람도 없을 거야……. 해와 달과 별을 죽이지 않아도 되는 건 아주 다행스런 일이야. 바다를 의지하고 살면서 우리의 진정한 형제인 고기만을 죽이면 그것으로 충분해. 아니야. 나는 지금 고기의 힘을 빼는 것만 생각하고 있어야 돼.'

'물론 단점도 있고 장점도 있다. 이대로 노를 배에 매어 두고 배의 속도를 떨어뜨리면, 놈이 마지막 안감힘을 쓰고 달릴 때 자꾸자꾸 줄을 풀어 주어야 하지. 그런데 그렇게 하면 고기를 놓칠 확률이 높아. 그렇다고 배의 속도를 너무 느리게 하면, 저놈이나 나나 모두 고통스럽지. 하긴 놈은 어마어마한 속력으로 달리니까 내가 유리하지. 어떻게 되든, 돌고래는 썩기 전에 요리하여 조금이라도 먹어 두는 게 상책이야. 몸이 녹초가 되면 끝장이니까 말야……. 하지만 한 시간만 이렇게 쉬자. 놈이 지치지 않고 버티고 있는 동안 말이야. 그러고 나서 일해도 될 거야. 그 다음에 천천히 움직여도 늦지 않을 거라고. 이제 얼마 안 남았다. 놈이 어떻게 나올지 어떤 변화를 보일지, 어떻게든 일이 일어난다. 노를 이용해서 배가 앞으로 잘 나가지 않게 한 것은 잘한 일이야. 그러나 이제 슬슬 안전을 생각해야 해. 놈을 상대하는 건 정말 힘든 일이야. 낚싯바늘이 놈의 입에 걸려 있는 것을 나는 똑똑히 보았어. 입을 꼭 다물고 있었지. 낚싯바늘이 걸린 것은 별 일 아니지만 배가 고픈 게 큰일이야. 게다가 영문을 알 수 없는 사태에 부닥친다면 더욱 큰일이지. 자, 이 노인네야, 지금 미리 쉬어 두라고. 다음 단계의 일을 하기까지 저놈이 자기 멋대로 놀도록 내버려 두는 게 좋다고.'

노인은 생각대로 얼마 동안 쉬었다. 두 시간 정도 지나자 달이 떠올랐다. 그래서 시간을 알 방법이 없었다. 게다가 노인은 완전히 쉬고 있었던 게 아니었다.

쉬면서도 계속해서 어깨의 느낌으로 고기의 반응을 살피고 있었다. 왼손은 이물의 뱃전에 걸쳐 놓고, 고기의 저항감을 될 수 있는 대로 배 전체에 두려고 했다.

녀석이 깊이 들어가면 낚싯줄은 끊어지고 만다. 고기의 끄는 힘을 몸으로 조절해 주고, 양손으로 낚싯줄을 풀어 주어야 한다.

"이 녀석, 너는 어제부터 한잠도 자지 않았지. 그 때부터 지금까지 하루 반나절을 자지 않았어. 나는 이 녀석이 날뛰기 전에 어떻게 해서든지 자야 해. 자 두지 않으면 머리가 띵해지니까 말야."

그러나 노인은 정신이 말짱했다. 너무 맑다는 생각까지 했다.

"내 형제 같은 저 별만큼 내 머리가 맑은걸. 하지만 자야 해. 별도 잠을 자는걸. 달도 해도 자는걸. 바다도 이따금 잠을 자고 말야. 새들도 소란을 피우지 않고 거울처럼 잔잔해지는 날이 있지. 알겠나? 자야 된다고."

노인은 자기 스스로를 타일렀다. 낚싯줄은 어떻게든 확실하고 교묘한 방법으로 안정시켜 놓고 몸을 쉬어야 했다.

'자, 이제 돌고래를 요리해야지. 노를 바다에 띄워 놓고 배에 묶어 두는 것은 위험해. 아니, 아니야. 나는 잠을 자며 쉬지 않아도 고기를 잡을 수 있어.'

노인은 단정적으로 말했다. 그러나 그것은 위험한 일이었다. 노인은 고기에게 자극을 주지 않으려고 노력하면서 고물 쪽으로 기어갔다.

'어쩌면 저 녀석도 반쯤 자고 있는지도 몰라.'

노인은 문득 그런 생각을 했다.

'저 녀석은 자면 안 돼. 저 녀석은 죽을 때까지 이 배를 끌어야 해.'

고물 쪽으로 와서 노인은 어깨 너머로 왼손에 낚싯줄을 바꿔 잡고 오른손으로 칼을 꺼냈다. 어느 새 하늘에는 별들로 가득 차 있었다.

아까 잡은 돌고래가 뚜렷이 보였다. 노인은 돌고래의 머리를 칼로 찍어 발로 밟고, 항문에서 아래턱까지를 칼로 쫙 갈랐다.

그리고 나서 칼을 놓고, 오른손으로 내장을 꺼내 속을 비우고 아가미를 잘랐다. 밥통이 몹시 무거웠고, 손이 미끄러웠다. 노인은 돌고래의 밥통을 갈라 보았다. 그 안에는 날치가 두 마리 들어 있었다. 싱싱하고 살이 딴딴했다. 노인은 날치를 옆에 나란히 놓고, 돌고래의 내장과 아가미를 바다에 버렸다. 돌고래의 내장과 아가미가 인광을 내며 꼬리를 끌듯이 물 속으로 가라앉았다. 별빛을 받은 돌고래는 차갑게 빛나고, 비늘의 빛깔은 생생했다.

노인은 오른발로 고기의 머리를 밟고 옆구리의 껍질을 벗겼다. 그러고 나서 돌고래를 뒤집어 놓고, 반대쪽 껍질을 벗긴 후 머리에서 꼬리를 칼로 쭉쭉 갈랐다. 그리고 뼈를 물 속으로 던졌다.

노인은 소용돌이가 생기는지 바라보았다. 그러나 뼈는 그저 희미한 빛을 내면서 천천히 가라앉았다.

노인은 돌고래의 엷은 살점 사이에 날치를 끼우고, 칼을 칼집에 도로 넣고 엉금엉금 기어서 이물 쪽으로 갔다. 낚싯줄의 무게 때문에 노인의 등은 굽어졌다. 오른손에는 고기가 들려 있었다.

노인은 이물로 가서 돌고래의 살점을 판자 위에 놓고는 그 옆에 날치를 놓았다. 그리고 어깨에 걸친 낚싯줄의 위치를 바꾸고, 뱃전에 기댄 왼손으로 낚싯줄을 꽉 잡았다. 노인은 뱃전 밖으로 몸을 내밀고 날치를 씻었다. 그리고 손에 느껴지는 물의 속도를 감지했다. 돌고래의 껍질을 벗긴 손이 빛을 내고 있었다. 노인은 손에 휘감기는 물의 흐름을 바라보았다. 약간 속력이 떨어진 것 같았다. 노인이 뱃전의 바깥쪽 판자에 손을 비비자 빛의 가루 같은 것이 수면에 떠서 뒤쪽으로 천천히 흘러갔다.

"고기가 지쳤거나 쉬는 것인지도 모르지. 자아, 나도 이제 고기나 먹고 좀 쉬고 잠도 자야겠어."

노인은 중얼거렸다.

날씨가 점점 추워지고 별이 빛나는 밤하늘 밑에서 노인은 돌고래의 고깃점 반을 먹고, 다시 날치 한 마리의 배를 갈라 내장과 머리를 버리고 모두 먹었다.

"요리를 잘 해서 먹으면 돌고래는 참 맛있는 고기인데, 날로 먹으면 맛이 형편없단 말이야. 앞으로는 소금이나 레몬을 갖고 배를 타야겠어."

'조금만 머리를 썼다면 이물의 판자로 튄 바닷물로 소금을 만들 수 있었을 텐데……'

노인은 후회했다. 하지만 소금을 만들었다면 거의 해질 때까지 돌고래를 잡지 못했을 것이다.

'준비가 모자랐어. 그러나 고기는 잘 씹어먹었고 별로 구역질도 나지 않아 다행이야.'

동쪽 하늘이 흐려지기 시작하면서 노인이 알고 있는 별들이 하나 둘씩 사라졌다. 마치 구름의 깊은 골짜기 속으로 배를 타고 들어가는 것 같았다. 바람도 매우 잦아졌다.

"삼사 일 뒤엔 날씨가 나빠지겠어. 그러나 오늘 밤이나 내일은 괜찮아. 자아, 이 늙은이야. 고기가 가만히 차분하게 있는 동안 잠시 눈이라도 붙이라고."

노인은 이렇게 혼잣말을 하고는 오른손으로 줄을 단단히 잡고, 그 위에 허벅다리를 얹어 온몸의 무게로 이물에 기대었다. 그리고 어깨의 줄을 조금 낮추어 왼손에 걸고 팽팽하게 줄을 당겼다.

'줄이 팽팽한 동안 오른손을 놓지 않을 거야.'

하고 노인은 생각했다.

노인이 잠든 동안에 줄이 늦춰지면, 줄이 풀려 나가는 것이 왼손에 전달되어 잠을 깰 수 있다고 생각했다.

'허벅지 밑의 오른손이 힘들겠지만 오른손은 힘든 일에 익숙해져 있잖아. 나는 20분이나 30분 정도만 자도 좋아.'

노인은 오른손에 온몸의 무게를 실어 몸을 앞으로 웅크린 채 잠이 들었다. 그리고는 꿈까지 꾸었다.

사자꿈을 꾸지 않았으나, 10킬로미터까지 해면을 덮고 있는 돌고래 꿈을 꾸었다. 짝짓기 계절을 맞은 돌고래 떼는 공중으로 높이 뛰어올랐다가 다시 바닷속으로 들어가 버렸다.

노인은 또 자기 집 침대에서 잠을 자는 꿈을 꾸었다. 추운 북풍이 불어서 몹시 춥고, 베개 대신 오른팔을 베고 있어 오른팔이 저렸다.

노인은 또 길게 뻗은 노란 해안선의 풍경을 꾸었다. 아직 어둡지 않은 어둑어둑한 해안으로 한 마리 사자가 앞장서서 내려오고, 다른 사자들이 뒤따라 내려오는 꿈이었다. 노인은 황혼녘의 해안에 돛을 내린 이물에 턱을 괴고, 바다 앞쪽으로 부는 미풍을 받으며 더 많은 사자가 나오는지 지켜보며 흐뭇하게 웃고 있었다.

달이 뜬 지도 오래 되었지만 노인은 계속 잠을 잤다. 고기는 여전히 배를 끌고 있었다. 배는 구름의 터널 속으로 끌려들어갔다.

## 고기와의 사투

노인은 갑자기 잠에서 깨었다. 오른손 주먹이 세게 당겨지면서 얼굴을 때리더니 오른손 손바닥에 불이 붙듯 줄이 급하게 풀려 나갔다. 왼손은 아무렇지도 않았지만, 노인은 되도록 오른손에 힘을 모으고 줄이 풀리는 것을 막았다.

그러나 줄은 무서운 속도로 풀려났다.

드디어 왼손도 줄을 찾아서 줄을 등에 대고 버텼다. 이번엔 등과 왼손이 화끈 달아올랐다. 왼손에 힘을 주려고 했지만 마음대로 되지 않았다. 예비 낚싯줄을 돌아보니 순조롭게 풀려 나가고 있었다.

바로 그 때 고기가 굉장한 소리를 내면서 뛰어올랐다가 무겁게 떨어졌다. 그러더니 계속해서 뛰어오르고, 줄은 여전히 빠른 속도로 풀려 나갔다. 배도 빠른 속도로 끌려갔다.

노인은 줄을 팽팽하게 당겨 놨다가 풀려 나가면 또 팽팽하게 했다. 노인의 몸은 이물 쪽으로 바짝 끌어당겨진 채 돌고래 고깃점 위에 얼굴이 처박혀 있었다. 그러나 꼼짝할 수가 없었다.

'이게 바로 기다렸던 일이야. 이제 이것을 받아들여야지. 낚싯줄 값을 받아야지.'

하고 노인은 생각했다.

노인은 고기가 뛰는 것을 보지 못하고, 그저 바다가 갈라지는 소리와, 파도가 떨어지면서 무겁게 '철썩' 하는 소리만 들었을 뿐이다. 줄의 속도가 손바닥을 몹시 아프게 하고 다치게 했지만, 그것은 으레 이런 고기를 잡을 때 있을 수 있는 상황이었다.

그래서 노인은 굳은살 부분으로만 줄이 닿도록 하고, 손바닥이나 손가락이 다치지 않도록 했다.

'그 애가 있었으면 줄을 적셔 주었을 텐데……. 그 애만 있었다면.'
하고 노인은 또 소년을 생각했다.

줄은 계속 풀려 나가고 있었다. 그러나 차차 속도가 줄어들었다.

노인은 고기가 배를 끄는 데 조금이라도 힘이 더 들도록 했다. 비로소 노인은 돌고래 고깃점 위에 처박혔던 얼굴을 살며시 들었다. 그리고 무릎을 세우고 일어났다. 노인은 여전히 줄을 풀고 있었지만 조금씩 천천히 풀었다. 보이지 않는 낚싯줄이 있는 곳을 발로 더듬어서 갔다. 아직도 줄은 많이 남아 있었다.

하지만 고기가 물 속으로 끌고 간 줄을 끊어야 했다.

"그렇지. 이 녀석은 몇 번이나 뛰어올라서 등뼈를 따라 있는 바람주머니에 공기를 가득 채웠으니, 끌어당길 수 없을 만큼 깊은 곳에서 죽어 버리지는 않을 거야. 이제 이 녀석은 빙글빙글 돌기 시작할 거야. 그 때 내가 이 녀석을 다뤄야지. 그런데 이 녀석이 왜 갑자기 뛰어올랐을까? 배가 고파서 견딜 수 없어서 그랬을까? 아니면 어두워서 뭔가에 놀란 것일까? 아마 갑자기 무섭고 두려웠는지 몰라. 이 녀석은 침착하고 억센 고기였는데……. 겁이 없고 자신만만해 보이는 녀석이었는데……. 이상한 노릇이군."

그리고 노인은 스스로에게 이렇게 말했다.

"여보게, 늙은이. 무서워할 거 없네. 자신을 갖게나."
하고 소리내어 말했다.

"고기는 내 손에 쥐고 있지만 당겨지지 않는군. 그러나 침착하게 기다리자고. 이 녀석은 조금 있다가 돌기 시작할 거야."

노인은 이제 왼손과 어깨로 고기를 다루면서, 엎드려 오른손으로 물을 떠서 얼굴에 붙은 돌고래 살들을 씻어 냈다. 그대로 두면 구역질이 날 것 같았기 때문이다.

지금 당장 기운을 잃는 것이 무엇보다 두려웠다. 노인은 얼굴을 씻고, 오른손을 뱃전 너머로 내밀어 바닷물에 손을 씻었다. 손을 그대로 소금물 속에 넣은 채 동이 훤하게 터 오는 것을 바라보았다.

"이 배는 거의 동쪽으로 머리를 두고 있군. 이건 이 녀석이 지쳐서 조류를 따라 움직인다는 증거지. 이제 곧 빙글빙글 돌겠군. 일은 그 때부터 시작이야."

오른손을 충분히 물에 담갔다고 생각하자, 노인은 손을 꺼내 살펴보았다.

"이만하면 됐어. 남자에겐 이만한 고통쯤은 아무것도 아니야."

노인은 낚싯줄에 새 상처를 건드리지 않도록 조심해서 줄을 잡고, 몸의 무게를 오른쪽으로 옮겨 반대쪽 뱃전 너머로 왼손을 내밀었다.

"이번에는 하찮은 짓을 하다가 다친 게 아니라고. 하지만 한때는 네가 어디로 갔는지 알 수 없었을 때가 있었지."

노인은 왼손에게 말했다.

'나는 왜 두 손이 건강하게 태어나지 못했을까? 왼손을 잘 쓰지 않은 것이 잘못이었어. 배울 기회가 많았다는 것을 하느님도 아시겠지만, 어쨌든 밤새도록 잘해 주었고 한 번 밖에 쥐가 오르지 않았어. 하지만 또 왼손에 쥐가 오르면 낚싯줄에 잘리도록 내버려 둘 테야.'

노인은 왼손에 대한 생각이 거기에까지 이르자, 자기의 정신이 좀 이상해졌다는 것을 알았다.

"돌고래 고기를 좀더 먹어야겠어. 까짓, 먹을 필요 없어."
하고 노인은 자기 자신을 타일렀다.

구역질을 해서 체력을 소모하는 것보다는 차라리 어지럼증이 나는 것이 낫다. 얼굴에 그 살점이 달라붙은 다음부터는 먹으면 구역질이 나리라는 것을 알고 있었다.

"설사, 썩더라도 아주 못 먹게 될 때까지는 버리지 말고 그냥 두자. 그러나 먹어서 몸에 힘을 쌓아 두려면 꾸물거릴 수가 없지. 이봐, 너 아무래도 이상해."

하고 노인은 자신에게 말했다.

"아직 날치가 있잖아. 그것을 먹는 게 좋겠어."

날치를 깨끗이 씻어서 언제든지 먹을 수 있도록 해 두었었다. 노인은 날치를 왼손으로 집어들어 입에 넣었다. 뼈째 씹어 꼬리까지 먹었다.

"날치란 놈은 어떤 고기보다 영양분이 많아. 지금 나에게 필요한 영양분만큼 말이야. 그런데 이제 할 수 있는 것은 다 했잖아. 이 녀석아, 빙글빙글 돌고 싶으면 빨리 돌으렴. 드디어 전쟁이다!"

노인이 바다로 나온 뒤, 세 번째 해가 떴다. 그제야 고기는 빙빙 돌기 시작했다. 처음에는 낚싯줄의 경사를 볼 때 고기가 원을 그리기 시작했

다고는 볼 수 없었다. 아직은 아니었다. 그러나 노인은 문득 낚싯줄이 약간 느슨해지는 것을 느끼고 오른손으로 살살 당기기 시작했다. 여전히 낚싯줄로 느껴지는 힘이 세어 금세 끊어질 것 같더니 갑자기 느슨해졌다. 노인은 어깨와 목에서 낚싯줄을 벗겨 천천히 정확하게 당겼다. 양손을 쓰고 허리를 흔들며 당기는 힘을 될 수 있는 대로 몸과 다리에 맡겼다. 늙은 다리와 어깨가 마치 중심처럼 되어 밀고 나갔다.

"우와, 꽤 큰 원이야. 이 녀석이 돌고 있는 것이 분명해."

그러나 한참 느슨해졌던 낚싯줄이 금세 다시 당길 수 없을 만큼 팽팽해졌다.

노인은 손을 꽉 쥐고, 물방울이 낚싯줄에서 흩날리어 아침 햇살을 받아 반짝이는 것을 바라보았다. 그러더니 갑자기 낚싯줄이 무서운 기세로 손에서 풀려 나가기 시작했다. 노인은 무릎을 꿇고 낚싯줄이 어두운 물 속으로 풀려 나가는 것을 억울한 표정으로 바라보았다.

"이 녀석, 지금 돌고 있는 원의 맨 저쪽 끝에 막 접어든 모양이군."
하고 중얼거렸다.

'될 수 있는 대로 당겨 주마. 그렇게 하면 원은 차츰 작아진다. 아마 한 시간 정도 지나면 녀석의 모습을 볼 수 있을 거야. 그 때 본때를 보여 줄 거야. 놈을 기어이 죽이고 말 테야.'

하지만 고기는 여전히 유유히 배 주변을 맴돌았다. 노인의 몸은 땀으로 흠뻑 젖었다. 두 시간 뒤에는 피곤함이 노인의 뼛속까지 파고들었다. 고기가 만드는 원은 꽤 작아졌다. 낚싯줄의 경사로 볼 때 고기가 조금씩 바다 위로 떠오르고 있다는 것을 알 수 있었다.

노인의 눈앞에 한 시간 전부터 검은 반점이 보이기 시작했다. 땀의 소금기가 눈으로 흘러들어 따가웠다. 또 땀방울은 이마에 난 상처에 닿아 아렸다.

노인은 검은 반점을 두려워하지 않았다. 이렇게 힘을 들여 낚싯줄을 잡고 있으니 검은 반점이 나타나는 것은 당연하다고 생각했다. 하지만 두 번째로 아찔해졌다. 현기증이 생기고 어질어질해졌다.

노인은 난처했다.

"이런 꼴로 고기와 함께 죽을 수는 없어. 이제 곧 저 고운 비늘을 볼 수 있을 거라고. 난 어떻게 해서든 버틸 거야. '주기도문'과 '성모송'을 백 번 외우라고 해도 좋아. 그러나 하느님! 제발 부탁합니다. 지금은 기도할 겨를이 없습니다."

"지금 외우라고요? 아니 나중에, 나중에 외우겠습니다."

그 때, 갑자기 양손으로 잡고 있던 낚싯줄이 굉장히 센 힘으로 당겨졌다. 굉장히 빠른 속도로 줄을 끌고 갔다.

'창 같은 주둥이가 목줄에 부딪쳤군. 그래, 그럴 줄 알았어. 이 녀석,

어차피 그렇게 하지 않고는 못 견디거든. 그러나 그렇게 되면 다시 뛰어오를지도 몰라. 좀더 빙글빙글 돌면 좋겠는데……. 공기를 마시고 싶어 뛰어오르지 않고는 견딜 수 없을 거야. 그렇지만 그럴 때마다 녀석의 주둥이 상처는 점점 커질 텐데……. 혹시 그러다 낚싯바늘을 뺄어 내면 안 되는데…….'

이렇게 생각하자 노인은 큰 소리로 바닷속에 있는 물고기에게 외쳤다.

"이 봐. 뛰어오르지 말아. 뛰어오르지 말란 말야!"

고기는 그 뒤에도 몇 번 목줄에 부딪혔다. 그 때마다 노인은 낚싯줄을 조금씩 풀어 주었다. 녀석의 고통을 어떻게 해서든 이 정도로 해 두지 않으면 안 된다고 생각했다.

'내 고통은 문제가 아니야, 나는 참을 수 있어. 하지만 놈은 아프면 안 돼. 아프면 괴로워서 날뛸 텐데. 그러면 문제가 복잡해져.'

더 이상 고기는 목줄에 부딪히지 않았다. 다시 천천히 원을 그리면서 헤엄을 치기 시작했다. 노인은 조심스럽게 낚싯줄을 당겼다. 그랬더니 또 정신이 아찔해졌다. 왼손으로 바닷물을 떠서 머리를 적셨다. 두 세 번 머리를 적시고 나서는 목덜미를 꾹꾹 문질렀다.

"이제 당기지는 않는군. 이 녀석은 머지않아 다시 올라올 거야. 나는 끝까지 상대해 줄 수 있어. 알겠어? 여보게, 끝까지 해내야 한다네. 아냐, 아냐. 이제 그런 소리는 입 밖으로 내지도 말게."

노인은 이물에 무릎을 꿇고 우선 등허리에 낚싯줄을 걸쳤다. 놈이 먼 데를 돌고 있을 동안 좀 쉬기 위해서였다.

'녀석이 가까이 오면 작업에 착수해야지. 그 때까지 좀 쉬어야겠어.'

노인은 그렇게 마음먹었다.

뱃머리에서 쉬며 낚싯줄을 당기지 않고 고기를 마음대로 헤엄치게 하고 있으니 아주 편했다. 언제까지나 이렇게 있고 싶었다. 그러나 낚싯줄이 느슨해진 것을 보면 고기는 분명 배 쪽으로 돌아오고 있는 것이었다. 그것을 눈치챈 노인은 벌떡 일어나 천을 짜는 것처럼 팔을 번갈아 움직이며 줄을 잡아당기기 시작했다.

'이렇게 힘든 적은 없었어. 무역풍이 불기 시작하는군. 놈을 잡기엔 좋은 바람이야. 내가 기다리던 그런 바람이야.'

"놈이 다시 원을 그리면 쉬자. 기분이 많이 좋아졌어. 이대로라면 앞으로 두세 번만 더 돌면 이 녀석을 처치할 수 있을 것 같군."

하고 노인은 중얼거렸다.

노인의 밀짚모자는 뒷머리로 흘러내려가 있었다. 노인은 뱃머리에 앉아 낚싯줄을 단단히 잡고 원을 그리며 도는 고기의 반응을 살폈다.

"제법 용을 쓰는군. 되돌아오면 네놈을 내 손으로 잡아 주지."

파도가 꽤 높게 치기 시작했다. 그러나 파도를 일게 만드는 그 바람은 도움이 되는 바람이었다.

바람이 없으면 노인은 집으로 돌아갈 수 없기 때문이다.

"배를 남서쪽으로 돌려야겠어. 바다에서는 길을 잃을 염려가 없어. 쿠바는 긴 섬이니까."

고기가 세 번째 원을 그리기 시작했을 때 노인은 마침내 고기를 보았다. 처음에 배 밑으로 지나가는 시커먼 그림자를 보았는데 굉장히 길었다. 너무 길어서 배 밑을 지나가는 데 시간이 오래 걸렸다. 노인은,

"아니야, 그럴 리 없어. 저렇게 클 리가 없다고."

하고 말했다.

하지만 실제로 고기는 그만큼 컸다. 원을 다 그렸을 때 고기는 배에서 30미터 가량 떨어진 수면에 떠올랐는데, 노인은 물 위로 나온 꼬리를 보았다.

연보랏빛 꼬리는 낮의 날보다 더 날카롭고, 짙푸른 물 위에 우뚝 솟아 있었다. 그 꼬리가 뒤로 비스듬히 기울었고, 고기가 바로 수면 밑을 헤엄치고 있었기 때문인데, 노인은 그 거대한 몸체와 그것을 둘러싸고 있는 보랏빛 줄무늬를 볼 수 있었다. 등지느러미는 아래로 늘어져 있고, 가슴지느러미는 거대해서 양쪽으로 활짝 벌어져 있었다.

이번에는 물고기가 원을 그리며 돌 때, 고기의 눈과 두 마리의 회색 빨판상어가 나란히 붙어서 헤엄치는 것을 보았다. 어느 때는 큰 고기 몸에 달라붙었다가 떨어지기도 했고, 어느 때는 쫓기도 하고 큰 고기의 뒤를 따라 헤엄치기도 했다. 두 마리 모두 1미터 가량의 길이였다. 마치 뱀장어처럼 온몸을 맹렬하게 움직였다.

노인은 땀을 흘렸다. 햇빛 때문만은 아니었다. 고기가 되돌아올 때마다 노인은 줄을 잡아당겼다.

'이제 두 바퀴만 더 돌면 작살을 꽂아 넣을 수 있을 거야.'

하고 노인은 확신했다.

'좀더 바짝 가까이 끌어 와야겠어. 머리를 찌르면 안 돼. 심장을 찔러야 해.'

하고 생각했다. 그리고는 다시 자신에게,

"이봐, 늙은이. 침착하고 담대해야 해."

하고 말했다.

다시 고기가 동그랗게 돌면서 등을 수면에 내놓았으나 배와의 거리가 너무 멀었다. 다음 번도 마찬가지였다. 하지만 몸을 조금만 더 물 위로 드러낼 때 줄을 당기면, 고기를 배와 나란히 할 수 있을 것으로 확신했다.

작살은 이미 준비해 두었고, 거기에 묶은 가는 줄은 둥근 바구니 속에 들어 있었다. 그리고 그 줄의 끝은 이물의 말뚝에 단단히 매 두었다.

조용히 가까이 다가오는 순간의 물고기는 아름다웠다. 커다란 꼬리가 움직였다. 고기는 둥근 원을 그리면서 천천히 다가왔다. 노인은 있는 힘을 다해 꼬리를 바싹 잡아당겼다. 잠시 고기는 배를 보이여 뒤척였지만 곧 자세를 바로잡고는 다시 원을 그리며 돌기 시작했다.

"내가 고기를 움직였어. 움직였다고!"

노인은 또다시 현기증이 났다. 하지만 있는 힘을 다해 큰 고기를 잡아당겼다.

'내가 저놈을 움직였어.'

하고 생각하면서 노인은,

"이번에야말로 끝장을 낼 수 있을 거 같아. 손아, 줄을 당겨라. 다리야, 좀 더 버티어 다오. 머리야, 나를 위해 마지막까지 견뎌 다오. 정신을 잃을 일은 없다. 이번에는 꼭 해치울 거야."

하고 말했다.

고기가 배 가까이 오기 전에 온힘을 다해서 당기기 시작했지만, 고기는 약간 뒤뚱거렸을 뿐, 곧 몸을 다시 세우고 헤엄쳐 나갔다.

"이 녀석아, 너는 결국 죽어야 할 운명이야. 그런데 너는 나마저 죽일 작정이냐?"

노인은 그렇게는 될 수 없다고 생각했다. 입 안이 너무 말라 목소리도 나오지 않았다. 하지만 물병을 당겨 입을 축일 틈이 없었다.

"이번에는 이놈과 배가 나란히 되게 해야 해. 고기가 계속 돌기만 하면 내가 견디질 못해. 아니, 아니야. 난 견딜 수 있어. 나는 영원토록 건재해!"

이렇게 노인은 혼잣말을 했다.

고기가 다시 돌 때, 노인은 고기가 거의 손 안에 들어왔다고 확신했다. 하지만 고기는 다시 몸을 곧추세우고 천천히 헤엄쳐 나갔다.

'네가 나를 죽이는구나, 이 녀석아…… . 그래, 너는 그럴 권리가 있어. 나는 아직 너처럼 위대하고 아름답고 침착하고 위엄 있는 놈을 보지 못했으니까. 자아, 죽여라! 누가 누구를 죽이든 그게 무슨 상관이란 말이냐.'

노인의 머리는 점점 혼란스러워졌다.

'머리를 식혀야겠어. 머리를 식히고 어떻게 하면 인간답게 고통을 견딜 수 있나 생각해 봐야겠어.'

그리고는,

"머리야, 정신차려!"

하고 자기 자신도 알아들을 수 없을 만큼 가냘픈 목소리로 외쳤다.

"정신차려, 머리야!"

고기는 다시 두 바퀴를 돌았지만 마찬가지였다.

"아아, 모르겠어…… ."

노인은 그럴 때마다 의식을 잃고 기절할 지경이었다.

"정말 모르겠어. 하지만 참고 견뎌야 해."

노인은 고기가 다시 뒤채었을 때 정신이 아득해지는 것을 느꼈다. 고기는 자세를 바로 하고 커다란 꼬리를 물 위로 내놓고 유유히 헤엄쳐 나갔다.

"조금만, 더!"

하고 노인은 다짐했다.

그러나 손은 부풀어 맥이 빠졌고, 현기증이 나서 주위가 자꾸만 가물가물하여 잘 보이지 않았다. 의식이 몽롱해지는 것이 기절할 것 같았다.

'조금만 더 참자!'

노인은 다시 자기 자신을 격려했다.

노인은 마지막 남은 힘과 모든 고통과 먼 옛날에 가졌던 긍지를 합하여, 고기의 마지막 고통과 맞섰다.

고기는 노인에게로 유유히 헤엄치며 다가와 거의 뱃전에 닿을 듯했다. 어마어마하게 길고 두껍고 넓고 보랏빛 줄을 두른, 한없이 큰 덩어리가 배 옆을 지나가려 했다.

노인은 줄을 놓고 한 발로 딛고 서서, 할 수 있는 한 작살을 높이 쳐들어 있는 힘을 다해, 아니 그 이상의 힘을 내어 사람의 가슴 높이만큼 물 위로 솟아오른 커다란 가슴지느러미 바로 뒤를 겨누고 옆구리를 찔렀다.

노인은 덮치는 것처럼 하여 힘껏, 그리고 깊숙이 작살을 던져 넣었다. 그러자 고기는 몸 속에 죽음을 지닌 채 생기를 불어넣은 듯 물 위로 높이 뛰어오르며 그 거대한 몸뚱어리를, 힘과 아름다움을 한껏 드러냈다.

고기는 배 안에 서 있는 노인의 머리보다 더 높이 공중에 매달린 것 같이 보였다. 그리고는 바다 위로 철썩 떨어져 물을 사방으로 튀겼다. 덕분에 노인과 배는 물보라를 뒤집어썼다.

노인은 정신을 놓칠 것 같았다. 속이 메스꺼워서 앞이 잘 보이질 않았다. 그래도 노인은 작살의 줄을 벗겨진 두 손으로 조절하여 풀어 놓았다. 가까스로 눈앞이 보였을 때, 고기가 물 위로 은빛 배를 드러내 놓고 뒤집힌 것을 알았다. 작살 자루가 고기 어깨에 삐죽이 찔려 있고, 바다는 심장에서 뿜어 내는 피로 붉게 물들어 가고 있었다.

처음에는 피가 깊이 1킬로미터가 넘는 바다의 푸른 물에 고기 떼가 밀려드는 듯 시꺼멓게 보였다. 하지만 곧 구름처럼 퍼져 나갔다. 고기는 은빛 배를 드러낸 채 물결을 타고 둥둥 떠 있었다.

노인은 가물거리는 눈으로 고기를 유심히 살펴보았다. 그리고는 작살 줄을 뱃머리의 말뚝에 두어 번 감아 놓고 머리를 두 손으로 감쌌다.

"정신을 차려야 돼!"

노인은 이물에 기대어 중얼거렸다.

"나는 지친 늙은이야. 하지만 나는 내 형제인 고기를 죽였고, 이제부터는 잡일을 해야 해."

그리고는 고기를 뱃전에 붙들어 매기 위해 올가미와 밧줄을 준비해야 한다고 생각했다. 비록 사람이 둘이 있어 고기를 배에 싣고 물이 들어오면 퍼낸다 하더라도, 고기는 도저히 이 배가 감당하지 못할 만큼 컸다.

노인은 모든 준비를 하고 나서 고기를 끌어당겨 배에 붙들어 매고 돛을 올려 집으로 돌아가야겠다고 생각했다.

고기를 뱃전으로 끌어당겨 아가미에서 입으로 줄을 꿰어 머리를 뱃머리에 붙들어 맬 작정이었다. 그리고는 자기의 눈으로 고기를 좀더 보고 손으로 만져 확인하고 싶었다.

'고기는 나의 전재산이야. 하지만 내 재산이기 때문에 만져 보고 싶다고 생각한 것은 아니야. 나는 고기의 심장을 느낀 것 같아. 작살을 두 번째 찔러 넣었을 때 말이야. 이제는 고기를 끌어당겨서 꼬리와 배에 올가미를 걸어 배에 단단히 매어야겠어.'

"이봐 늙은이, 이제 슬슬 일을 시작하자고."

노인은 스스로에게 이렇게 말하고 물을 한 모금 마셨다.

"싸움이 끝나도 해야 할 일은 많은 법이지."

노인은 하늘을 우러러보고 나서 고기를 보았다. 그리고 해를 조심스럽게 쳐다보았다.

정오가 지난 지 얼마 안 되었다. 무역풍이 불고 있었다. 이제 낚싯줄은 아무래도 좋았다.

집에 돌아가 소년을 보고 싶은 생각이 가득했다.

"이리 오너라, 이 녀석아."

하고 노인이 말했다. 하지만 고기는 오지 않았다.

벌렁 나자빠진 채로 바다에 둥실둥실 떠 있었다. 노인은 배를 고기 곁으로 저어 나가 고기의 머리를 뱃머리에 매면서도 그 크기가 믿어지질 않았다.

노인은 작살 줄을 말뚝에서 풀어 아가미로 넣어서 턱 쪽으로 꿰고, 창날처럼 삐죽한 부리를 한 번 감고, 다른 쪽 아가미를 꿰어 다시 한 번 부리를 감아 양끝을 맞매어서 이물의 말뚝에 단단히 맸다. 그리고 줄을 잘라서 올가미를 만들어 꼬리를 매기 위해 고물 쪽으로 갔다.

고기는 원래 보랏빛이 섞인 은빛이었는데 지금은 거의 은빛으로 변했다. 줄무늬는 꼬리와 같이 옅은 보랏빛이었다. 그 줄무늬 넓이가 손으로 한 뼘 정도 되었고, 눈은 잠망경이나 여러 사람들 틈에 있는 성자의 눈처럼 무표정했다.

"너는 이렇게 죽을 수밖에 없어."

노인은 물을 마시고 기운을 차렸다. 그리고 다시는 정신을 잃는 일은 없을 것 같았다. 머리도 또렷해졌다.

"이 정도면 8백 킬로그램은 되겠는걸. 어쩌면 더 나갈지도 몰라. 3분의 2는 고기로 만들어서 한 근에 30센트씩 받으면 총 얼마나 받을 수 있을까? 이런! 연필이 없으니 계산하기가 어렵군. 머리가 별로 맑지 못하니 암산도 되지 않고 말이야. 하지만 오늘 내가 한 일을 보았다면 디마지오도 고개를 숙였을 거야. 물론 발뒤꿈치는 아무렇지도 않아. 그렇지만 손과 등의 상처는 아주 심해."

노인은 다시 뼈의 자극이 어떤 것일까를 생각했다.

"어쩌면 나는 뼈의 자극을 당하면서도 그걸 깨닫지 못할 수가 있어."

노인은 고기를 고물과 가로대 중앙에 묶었다. 고기가 너무 커서 다른 배를 묶어 놓은 것같이 보였다. 노인은 밧줄 조각으로 고기의 아래턱과 주둥이를 묶어 입이 열리지 않게 하였다. 덕분에 배를 멋지게 몰아 갈 수 있게 되었다.

일을 마치자, 노인은 돛대를 세우고 갈고릿대의 막대와 준비해 온 아랫가로대에 누덕누덕 기운 돛을 달았다. 배는 이럭저럭 미끄러지기 시작했다.

노인은 고물에 반쯤 누운 채 이물을 남서쪽으로 돌렸다.

노인은 나침반이 없었지만 방향을 잘 알고 있었다. 무역풍이 부는 것과 돛이 부푼 모양을 보면 방향을 알 수 있었다.

'꿰미끼 바늘을 달아서 낚싯줄을 늘어뜨려야겠어. 뭐라도 먹어야 하니 말야. 물도 마셔야겠고. 그런데 꿰미끼가 어디에 있더라……'

정어리는 썩어서 먹을 수 없었다. 노인은 할 수 없이 노란 바닷말을 갈고릿대에 걸어서 들어올렸다. 바닷말을 떨어 보니 잔새우가 툭툭 떨어졌다. 열 마리가 넘었다. 메뚜기처럼 팔딱팔딱 뛰고 있었다.

노인은 엄지손가락과 집게손가락으로 대가리를 떼어 내고 껍질과 꼬리를 씹어 먹었다. 새우는 작지만 맛있고 영양분도 많다는 것을 노인은 알고 있었다.

병 속에는 물이 두 모금 정도 남아 있었다. 노인은 잔새우를 먹고 나서 그 물을 반 모금 마셨다. 커다란 고기가 매달렸지만 배는 잘 달렸다.

노인은 키의 손잡이를 옆구리에 끼고 대견하다는 듯한 표정으로 고기를 쳐다보았다.

'이건 꿈이 아니야. 현실이야.'

노인은 이 일이 꿈인지 생시인지 분간하기 위해 자기 살을 꼬집었다. 그리고 손을 모은 채 고물에 기대어 등의 감촉을 의식했다. 의식이 가물가물해졌을 때 노인은 자기가 혹시 꿈을 꾸고 있는 것이 아닌지 의심했다.

그 때, 고기가 물 속에서 쑤욱 떠올라 그대로 움직이지 않았다. 노인은 굉장한 기적이 일어났다고 생각했으며, 그 일을 도무지 믿을 수가 없었다.

노인은 이제 모든 것을 제대로 알아차렸다. 고기는 분명히 배에 매달려 있고, 양손과 등의 상처는 꿈 속에서 얻은 것이 아니었다.

손의 상처는 곧 나을 것으로 생각했다. 피는 이제 흘릴 만큼 흘려서 더 이상 나오지 않을 것이다. 소금물이 상처를 고쳐 줄 것이다. 바닷물은 상처에 가장 좋은 약이다.

노인은 이제 자기가 해야 할 일은 머리를 맑게 하는 것이라고 생각했다.

'이제 손은 할 일이 없어. 이젠 편히 쉬렴. 난 무사히 항구로 갈 거야. 이것 봐. 이 녀석은 입을 꾹 다물고 꼬리를 곧게 세우고 있네. 허허, 그래. 이렇게 우리는 사이좋은 형제처럼 항구로 같이 가는 거야.' 여기까지 생각했을 때 노인의 머리가 조금 흐려지기 시작했다.

'내가 이놈을 끌고 가는 것인지, 아니면 이놈이 나를 끌고 가는 것인지……. 만일 내가 너를 끌고 간다면 문제는 없어. 아니, 고기가 배 안에 있다면, 그리고 저 위엄이 내 배 안에 뻗어 있다면 문제는 없어. 우리는 이렇게 사이좋게 묶여 바다 위를 달리고 있군. 그래, 이 녀석이 나를 실어나른다 해도 좋아. 나는 여러 방법을 알고 있으니까 말야. 아직 이 녀석보다는 내가 낫다고. 게다가 이 녀석은 나에 대해 적의를 품고 있지는 않지…….'

노인과 고기는 이렇게 순조롭게 항해를 계속했다. 노인은 손을 바닷물에 담그고 머리를 맑게 하려고 애썼다.

하늘 높이 뭉게구름과 맑고 엷은 새털구름이 있는 것을 보니 밤새 미풍이 불 것 같았다. 노인은 꿈이 아니라는 것을 확인하기 위해, 계속해서 고기를 눈여겨 바라보았다.

## 상어의 습격

그런데 한 시간 정도 흘렀을까? 이번에는 상어의 습격을 받게 되었다. 상어는 우연히 나타난 게 아니었다. 노인이 잡은 고기에서 흘러나온 검은 피가 구름처럼 엉겨서 2킬로미터나 되는 바닷속으로 퍼지자, 깊은 물 속에서 냄새를 맡고 올라온 것이었다.

상어는 무서울 만큼 빠르게, 두려움도 없이 푸른 물을 가르고 솟아올랐다가 햇살을 받고 다시 물 속으로 들어가서 냄새를 맡아 배와 고기를 추적했던 것이다.

가끔씩 상어는 냄새가 어디서 나는지 몰라 헤매다가 다시 냄새를 찾아 내어 뒤쫓아왔다. 그러다가 배와 고기가 지나간 흔적을 찾아서 재빠르고 세차게 뒤따랐다.

상어는 커다랗고 푸른빛을 띠고 있었다. 아주 헤엄을 잘 쳤다. 바닷속의 어떤 고기도 그 상어의 속도를 따라잡을 수는 없었다.

주둥이말고는 나무랄 데가 없이 멋지게 생긴 놈이었다. 등은 황새치처럼 푸르고, 배는 은빛이었으며, 껍질이 미끈하고 아름다웠다. 빨리 헤엄쳐 갈 때는 단단히 다문 주둥이말고는 황새치처럼 보였다. 높은 등지느러미는 까딱도 하지 않고, 칼날처럼 수면 바로 밑 물 속을 가르며 헤엄쳤다.

두 겹으로 된 주둥이 안쪽은 이빨이 여덟 줄 안으로 향하고 있는 보통 상어의 피라미드형 이빨과는 달랐다. 상어의 이빨은 꽉 물면 사람이 손가락을 오므렸을 때와 비슷했다. 마치 노인의 손가락만한 길이로 양쪽이 면도날같이 날카로웠다. 바닷속의 어떤 고기든 잡아먹게 생겼고,

빠르기나 억세기도 결코 뒤질 것 같지 않았다.

그 상어는 신선한 피 냄새를 따라 전속력을 냈다. 그러기 위해 지느러미로 부지런히 물살을 갈랐다.

노인은 놈이 달려오는 것을 보고는 그 상어가 두려움 없이 자기가 노리는 것을 꼭 해치우는 놈이라는 것을 알았다. 노인은 상어가 다가오는 것을 보면서 작살을 집어들어 밧줄을 맸다. 하지만 고기를 잡을 때 이미 잘라 버렸기 때문에 밧줄은 무척 짧았다.

노인의 머리는 다시 맑고 상쾌해졌다. 노인의 결의는 대단했다. 하지만 희망을 갖지는 않았다. 좋은 일이란 오래가지 않는 법이라고 노인은 생각했다. 상어가 가까이 다가오는 것을 지켜보면서 잡아 놓은 큰 고기를 바라보았다.

'꿈이나 마찬가지였어. 상어가 다가오는 것을 막을 수는 없지만 어떻게든 내가 할 수 있는 일을 해 보아야지. 어휴, 이 망할 놈의 상어!'

상어는 날쌔게 고물 쪽으로 와서 고기에게 덤벼들었다. 그 때 노인은 그 벌린 입과 이상한 두 눈을 한 상어가 이빨이 맞부딪치는 소리를 내며 커다란 고기의 꼬리 근처를 무는 것을 보았다.

상어가 머리를 물 위로 쑥 내밀고 등까지 드러낼 때, 노인은 그 머리의 두 눈을 잇는 선과 코에서 등으로 뻗은 선이 교차되는 한 점에 작살을 내리꽂았다. 작살을 꽂을 때 큰 고기의 살과 껍질이 벗겨지는 소리가 났다.

사실 노인이 작살을 꽂은 선은 상어 머리에 있는 것이 아니었다. 그 선이라는 것도 사실은 없었다. 삐죽하게 날카로운 시퍼런 머리와 커다란 눈과, 무엇이든 먹어치우는 툭 튀어나온 주둥이가 있을 뿐이었다. 그러나 그 밑에 뇌수가 있었고, 노인은 정확하게 뇌수를 찔렀다. 피투성이가 된 손에 작살을 쥐고 온 힘을 다해 찔렀다. 희망은 털끝만큼도 없었다. 노인에게 있는 것이라고는 오직 결의와 적의뿐이었다.

마침내 상어는 온몸을 부르르 떨었다. 상어의 눈이 이제는 살아 있는 것이 아니라는 사실을 말하고 있었다. 상어는 한 번 더 몸을 떨고는 밧줄에 매달렸다. 하지만 자기의 죽음을 받아들이려고 하지 않았다. 배를 드러내고 꼬리로 물을 치고, '빠드득빠드득' 턱 소리를 내면서 꼬리를 꽤 빠르게 흔들며 물결 위를 미끄러져 갔다. 그 뒤에는 미끄러져 간 흔적이 새하얗게 꼬리를 물고 있었다. 상어 몸의 4분의 3이 물 위로 나왔다. 밧줄이 당겨져 부르르 떨었다. 순식간에 노인은 밧줄을 빼앗겼다. 상어는 너울거리며 가라앉았다.

"저 녀석이 내 물고기를 40근이나 먹어치웠어!"

노인은 큰 소리로 말했다. 게다가 상어는 노인의 작살과 밧줄을 몽땅 가지고 가 버렸다.

노인이 잡은 물고기에서는 다시 피가 흐르기 시작했다.

"오! 이런, 이 피가 다른 상어를 부르겠군."

노인은 살이 여기저기 뜯긴 고기를 차마 볼 수가 없었다. 마치 자기 몸이 찢겨 나간 것같이 고통스러웠다.

"그놈을 내가 찔러 죽였어. 젠장, 지금까지 본 적이 없는 큰 놈이었어. 큰 상어들을 많이 보았지만 그놈처럼 큰 상어는 처음이야. 좋은 일은 오래가지 못하는 법이야. 차라리 고기를 잡은 것이 꿈이었다면……. 그냥 집에서 침대에 누워 신문이나 보는 게 훨씬 나았을 거야. 지금으로서는 말이야……. 하지만 인간은 패배할 수 없는 존재야. 인간은 죽음을 겪어야 하지만 지지는 않아."

노인은 소리 내어 말했다.

'아하, 하지만 나는 내가 잡은 큰 고기를 빼앗기게 생겼어. 그뿐이 아니야. 나는 궁지에 몰렸다고. 이젠 작살도 없어. 상어는 정말 잔혹한 놈이지. 게다가 힘이 세고 영리해. 하지만 나는 그놈보다 머리가 좋아. 아니, 아니야. 반드시 그런 것만은 아니야.'

노인은 생각을 고쳐먹었다.

'나는 다만 무기를 가지고 있지 않을 뿐이야.'

그리고는 큰 소리로 말했다.

"이젠 생각하지 말자. 곧장 배를 몰아 항구로 가기만 하면 된다고. 또 상어가 오면 어떻게 할지는 그때 가서 생각하자고."

하지만 노인은 자꾸 상어 생각이 났다. 왜냐하면 노인이 마음을 쓰고 있는 것이라고는 고기밖에 없으니까. 그리고 또 하나는 야구.

'위대한 선수인 디마지오는 내가 작살로 상어의 골통을 찌른 솜씨를 인정할까? 아니야. 이건 자랑할 만한 솜씨가 아니야. 이런 일은 누구라도 할 수 있어. 하지만 그가 발뒤꿈치를 다친 것만큼 내 손도 아프다고. 그만큼 상어를 잡기가 불리한 조건이었다는 거지. 내가 발뒤꿈치를 다친 것은 헤엄치다가 오리를 밟아서 물려 종아리가 마비되었을 때였어. 그러니 디마지오가 얼마나 아팠는지 알 수가 없군. 우리 둘 중에서 누가 더 나쁜 조건이었는지는 잘 모르겠어.'

생각을 여기까지 하다가 노인은 스스로에게 말했다.

"이봐, 늙은이! 이제는 좀 즐거운 생각을 하자고. 이제 조금씩 집하고 가까워지고 있어. 그리고 물고기는 40근이나 가벼워졌잖아."

노인은 애써 좋은 생각을 하려고 했지만 배가 조류 한가운데에 도달하면 어떻게 될 것인지 알고 있었다. 하지만 그때로서는 어떻게 할 방법이 없었다.

"방법이 있을 거야. 그래! 노잡이에 칼을 잡아매야지."

노인은 겨드랑이에 키 손잡이를 끼고, 돛 아랫자락을 밟고 노잡이에 칼을 잡아맸다.

"자, 이렇게 했으니 전혀 무방비 상태는 아니야."

바람이 다시 불자 배는 잘 달렸다. 그는 고기의 앞부분을 보고 또 보았다.

그러자 약간의 희망이 되살아났다.

'희망을 버리다니, 어리석은 짓이야. 희망을 버리는 것은 어쩌면 죄일지도 몰라. 아……. 죄에 대해서는 생각하지 말자. 지금은 죄가 아니더라도 문젯거리가 너무 많잖아. 게다가 나는 죄에 대해 솔직히 모르잖아. 나는 죄가 뭔지도 모르고 그걸 믿고 있다고 할 수도 없어. 고기를 죽여도 죄가 될까? 내가 살기 위해 죽이는 것도 죄가 될까? 그리고 사람들이 먹기 위해서 고기를 죽여도 죄가 될지 몰라. 아니야. 그렇게 된다면 죄가 아닌 것이 어디 있겠어? 에이, 죄에 대해서는 생각하지 말자. 그런 것을 생각하기엔 너무 늦었다고. 돈을 받고 죄를 짓는 사람도 많지. 그런 사람들이나 죄를 짓고 살라고 해. 나는 어부로 태어났어. 물고기가 물고기로 태어나는 것처럼 말야. 예수님의 제자 베드로도 어부였어. 디마지오의 아버지 역시 어부였고.'

노인은 이렇게 저렇게, 자기와 관련된 일들을 생각하는 것을 좋아했다. 게다가 읽을 책도 없고, 라디오도 없어 생각해야 할 일이 많았다. 그래서 죄악에 대해 계속 생각을 했다.

'이봐! 늙은이. 자네가 고기를 죽인 것은 살기 위해서도 아니고 식량으로 팔기 위해서도 아니야. 너는 긍지를 갖고 놈을 죽였어. 어부이기 때문에 죽인 거야. 너는 고기가 살아 있을 때, 아니, 죽었어도 그 고기를 사랑하고 있어. 만일 네가 사랑한다면 죽여도 죄악이 되지 않을 거야. 아니면, 사랑하는데 죽였기 때문에 더욱 큰 죄가 될지도 모르지. 에고, 복잡하군.'

"괜찮아, 늙은이. 이봐 자네는 생각을 너무 많이 하는군."

노인은 생각이 많은 스스로에게 큰소리를 쳤다.

'이봐, 그런데 자네는 말야. 상어를 잡을 때 우쭐거리더군. 그놈은 자네와 마찬가지로 살아 있는 고기를 먹고 사는 놈이야. 썩은 고기를 찾아다니는 것이 아니었어. 저놈은 깨끗하고 당당하고 무서운 것이 없는 강자야.'

이렇게 생각하다가 노인은 커다란 소리로 반박했다.

"하지만 나는 나를 지키기 위해 상어를 죽였어. 그러니 큰 죄가 아니라고. 잘한 일이란 말야."

그리고 노인은,

'나는 고기를 단번에 죽였어, 거기다가 모든 살아 있는 동물은 어떤 식으로든 다른 동물을 죽이지.'

하고 생각했다.

'고기를 잡는 일이 나를 계속 살게 하듯이, 마찬가지로 이 일이 나를 죽이지. 아니, 그 애가 내 생계를 도와주고 있어. 자신을 너무 속여서는 안 돼.'

노인은 뱃전으로 몸을 내밀고 상어가 물어뜯은 살점을 한 점 떼었다.

살점을 씹으면서 고기의 질과 좋은 맛을 음미했다. 쇠고기처럼 살이 단단하고 물기가 많았다. 하지만 붉지는 않았다. 힘줄이 전혀 없었고, 시장에 내놓으면 아마도 제일 좋은 값에 팔릴 것이었다. 그러나 만약 물에서 피 냄새를 지워 버릴 수 없다면, 최악의 상황이 올지도 모를 일이었다.

미풍이 계속 불었다. 약간 북동쪽으로 바뀌는 듯했지만 결코 잦아들지 않으리라는 것을 노인은 알고 있었다.

노인은 앞쪽을 바라보았다. 하지만 돛이나 선체, 배에서 오르는 연기조차 볼 수 없었다. 이물 주변에서 뛰어 날아가는 날치, 해초의 누런 무더기만 군데군데 보였을 뿐 새의 그림자조차 보이지 않았다.

　고물 쪽에 기대앉아 몸에 힘을 붙이려고 고기를 씹어먹었다. 어느덧 두 시간이 지났다. 노인은 그 때 두 마리의 상어가 다가오는 것을 알아챘다.

　"에잇!"

　노인은 큰 소리로 외쳤다.

　갑자기 어떤 못이 손바닥을 뚫고 판자에 박힐 때 사람이 저도 모르게 지르는 소리 같았다.

　상어 두 마리가 차례대로 배 쪽으로 헤엄쳐 오고 있었다. 앞선 상어를 바짝 뒤쫓아 다른 상어가 오고 있었다. 세모꼴의 갈색 지느러미와 물결을 쓰는 듯한 동작으로 봐서, 상어 중에서도 가장 사나운 귀상어임을 알 수 있었다.

　그놈들은 너무 배가 고파 냄새를 맡고는 흥분하여 가끔 냄새를 놓치곤 했지만 다시 찾아 냈다. 그러면서 계속 노인이 탄 배에 매달린 큰 고기를 노리고 있었다.

　노인은 돛을 가름나무에 붙들어 매 키의 손잡이로 움직이지 않게 끼워 놓았다. 그리고 칼을 잡아맨 노를 잡았다. 손이 너무 아파서 마음대로 움직여지지 않아서 되도록 살짝 들어올렸다. 그리고는 가볍게 손을 폈다 쥐었다 했다. 힘껏 노를 쥐고 끝까지 버틸 생각으로 상어가 다가오는 것을 지켜보았다.

　상어는 넓고 편편한 삽처럼 뾰족한 머리와 테두리가 하얗고 넓은 가슴지느러미를 가졌다. 이 녀석은 아주 고약한 상어로, 지독한 냄새를 풍기며 산 고기든 죽은 고기든 가리지 않고 먹어치웠다. 거기다 배가 고프면 노든 키든 뭐든지 물어뜯는 놈이었다.

　거북이 잠이 들었을 때 거북의 다리나 발을 잘라 먹는 것도 이놈이었다. 이놈은 사람한테서 피 냄새나 생선 비린내가 나지 않아도 물 속에서 사람을 공격하곤 했다.

"와 봐! 이리 와 보라고! 내가 상대해 주지!"

마침내 그들이 왔다.

그 녀석들은 아까 그 상어처럼 오지 않았다. 한 놈은 보이지 않게 배 밑으로 돌아 들어가 고기를 물어뜯고 배를 떠받아서 흔들었다. 또 한 놈은 길게 찢어진 누런 눈으로 노인을 바라보다가 반원형 주둥이를 크게 벌리고, 잽싸게 고기에게 덤벼들어 먼저 뜯은 자리를 물어뜯었다. 상어의 갈색 머리와 등뼈가 이어지는 후면의 선이 뚜렷이 보였다.

노인은 칼이 달린 노로 그 교차점을 찌르고 그것을 뽑아 다시 고양이 같은 노란 눈을 찔렀다. 상어는 고기를 두고 떨어져 나갔다. 하지만 죽어 가면서도 고기의 살점을 삼켰다.

다른 한 놈이 배 밑에서 고기를 뜯는 바람에 배는 계속 흔들렸다. 노인은 돛줄을 풀어 배가 옆으로 돌아서 상어가 물 밖으로 드러나도록 했다.

노인은 상어를 보자 뱃전에서 몸을 내밀어 힘껏 찔렀다. 그러나 살만 찔렀지 상어의 딱딱한 살껍질을 뚫지는 못했다. 너무 힘껏 찌르는 바람에 손뿐 아니라 어깨까지 욱신거렸다.

마침내 상어는 물 위로 머리를 드러냈다.

노인은 상어의 코가 물 밖으로 나와 고기를 물어뜯을 때 그 평평한 정수리 한복판을 정면으로 찔렀다. 이어 다시 그것을 잡아 빼서 같은 곳을 찔렀다. 하지만 상어는 갈고리 같은 주둥이로 고기를 물었다. 노인은 상어의 왼쪽 눈을 찔렀다. 그래도 상어는 고기를 놓지 않았다.

"이래도 놓지 못하겠니?"

노인은 상어의 척추골과 두개골 사이를 찔렀다. 그러자 상어의 연골이 쪼개지는 것을 느꼈다.

노인은 노를 뽑아들어 상어 주둥이를 열기 위해 그 사이에 칼날을 넣었다. 칼날을 비틀자 상어가 떨어져 나갔다.

"잘 가라. 바다 밑 깊은 곳에 가라앉아라. 가서 네 친구나 아니면 네 엄마를 만나 봐라."

노인은 칼을 닦고 노를 놓았다. 돛줄을 매어 바람을 안게 하고 해안으로 배를 몰았다.

## 집을 향해서

"이런, 4분의 1이나 뜯겼어. 그것도 제일 맛있는 부위를 먹었군. 이게 꿈이라면 얼마나 좋을까? 차라리 고기를 잡지 말걸. 네게는 참 안됐어. 고기야, 애당초 너를 잡은 것이 잘못이었어."

노인은 말을 멈추었다. 더 이상 고기를 보고 싶은 마음이 없어졌다. 피를 흘리고 살이 찢긴 고기는 차마 볼 수가 없을 지경이었다. 하지만 커다란 줄무늬는 아직 선명했다.

"이렇게 멀리 나오지 말 걸 그랬어. 너나 나나 우리 둘을 위해서 말이야. 참 미안하게 됐구나. 고기야! 이제는 칼을 잡아맨 자리를 잘 살펴서 어디가 끊어지지 않았는지 봐야겠다. 언제 상어가 또 나타날지 모르지. 그리고 내 손도 제대로 움직이도록 해야겠어."

노인은 칼을 갈 수 있는 숫돌을 찾았지만 없었다. 노인은 노 끝을 다시 잘 잡아매면서 중얼거렸다.

"숫돌을 가져왔으면 좋았을 텐데……."

하긴 지내고 보니 가져왔어야 할 물건들이 너무 많았다.

"그러나 그런 걸 모두 안 가져왔어. 이 늙은이야, 지금은 안 갖고 온

걸 후회할 때가 아니야. 갖고 있는 것을 이용해 문제를 해결할 생각을 하라고."

"허허, 자네는 여러 가지로 좋은 충고를 해 주는군."

노인은 혼자서 말을 주고받았다. 그러다가,

"에잇, 이젠 이런 것도 지겨워."

하고 큰 소리로 말하고는 배가 앞으로 나아가는 대로 겨드랑이에 키를 끼고 물에 손을 담그고 있었다.

"마지막 상어놈이 가장 많이 뜯어 먹었어."

노인은 물어뜯긴 고기를 생각하고 싶지도 않았다.

'상어가 배 밑에서 떠받을 때마다 살을 뜯겨서 이제는 흐른 피가 바다에 신작로처럼 넓은 길을 만들어 놓아 모든 상어가 벌 떼같이 따라오겠군.'

노인은 이 물고기만한 크기라면 한 사람이 겨울 내내 먹고 살 수가 있을 거라고 생각했다.

'그런 생각을 하지 말자고. 해 봤자 소용 없는 일이야. 그냥 가만히 쉬라고. 그리고 남은 고기를 지키도록 손을 잘 풀어 둬야지. 내 손에서 나는 피냄새는 바다에 가득 퍼져 있는 피냄새에 비하면 아무것도 아니지. 또 별로 피가 많이 나는 것도 아니고, 문제 삼을 만큼 큰 상처도 아니야. 피를 흘렸으니 왼손이 다시 쥐가 나지는 않을 거라고. 이제 나는 아무 생각도 하지 말고 다음 차례나 기다리자. 기다리기만 하면 된다고……. 정녕 이것이 꿈이었으면 좋겠다. 그러나 알 게 뭐람. 모두 잘 된 일일 수도 있어.'

얼마쯤 지나자 귀상어 한 마리가 또 나타났다.

'만일 돼지가 사람의 머리가 들어갈 만큼 큰 입을 가지고 있다면 아마 저런 식으로 먹을 것에 달려들겠지.'

노인은 마음을 안정시키고 키를 잡았다. 상어가 처음에는 몸뚱이 그대로의 크기였다가 점점 작아지고, 끝내는 아주 조그맣게 되어 물속으로 가라앉는 것조차 보이지 않았다. 다른 때 같으면, 그러한 광경이 흡족한 기분이 들게 하겠지만 지금은 그것조차 보이지 않았다.

"아직 갈고리가 하나 있어. 아, 이런 갈고리는 아무짝에도 소용없어. 노가 두 개 있고 손잡이와 짤막한 몽둥이가 전부군."

노인은 상어가 자기를 완전히 녹초로 만들었다고 생각했다.

'너무 늙어서 상어를 몽둥이로 때려죽일 만한 힘이 나에게는 없어. 하지만 노와 몽둥이와 키 손잡이가 있으니까 끝까지 싸워 줄 테야.'

노인은 두 손을 짠물에 담그려고 물속에 넣었다. 벌써 오후가 되었고, 바다와 하늘 외에는 아무것도 보이지 않았다. 바람은 점점 세지고 있었다. 하지만 육지는 아직 보이지 않았다.

"늙은이, 자네는 몹시 지쳐 있어. 완전히 지쳐 있다고."

## 상어 떼와의 결투

상어 떼가 다시 덤벼든 것은 해지기 바로 전이었다. 노인은 고기가 바다에 남긴 냄새의 흔적을 따라오는 갈색 지느러미를 보았다. 어느새 상어 떼는 곧장 배를 향해 덤벼들었다.

노인은 배를 고정시키고 돛줄을 단단히 잡아매어 놓았다. 그리고는 고물에 놓여 있는 몽둥이를 집어들었다. 몽둥이는 부러진 노를 2피트 반 길이로 자른 노의 손잡이였다. 손잡이가 있기 때문에 한 손으로 써야 편리했다. 노인은 몽둥이를 움켜쥐고 손목 관절을 주무르며, 상어 떼가 다가오는 것을 지켜보았다. 모두 귀상어였다.

'앞서 온 놈이 고기를 물게 놔 두었다가, 콧등이나 정수리를 똑바로

후려갈겨야지.'

두 마리의 상어가 나란히 붙어 왔다. 배와 가까운 쪽 상어가 입을 크게 벌리고 고기의 은빛 옆구리를 물어뜯는 것을 보자 노인은 몽둥이를 높이 치켜올렸다가 힘껏 상어의 넓적한 머리를 향해 내리쳤다. 단단한 고무 같은 강한 탄력과 동시에 뼈의 딱딱한 느낌도 있었다.

노인은 또 한 번 콧등을 강하게 내리쳤다. 그러자 상어는 물고 있던 고기를 놓고 미끄러져 떨어졌다.

또 한 마리는 보였다가 안 보였다가 하더니 주둥이를 크게 벌리고 덤벼들었다.

노인은 상어가 고기를 떠받치며 입을 다물었을 때 입언저리에 허연 살점이 삐져나온 것을 보았다. 그가 몽둥이를 휘둘러 내리치자 상어는 노인을 바라보더니 살점을 뜯어 냈다. 노인은 다시 상어가 고깃점을 삼키려고 물러났을 때 몽둥이로 후려쳤다. 하지만 단단한 탄력을 느꼈을 뿐이었다.

"자, 이리 와 보라고! 또 덤벼 보라고!"

상어는 쏜살같이 덤벼들었다. 상어가 주둥이를 다물었을 때 몽둥이를 내리쳤다. 몽둥이를 될 수 있는 대로 높이 치켜올려 있는 힘을 다해 후려갈겼다.

다행히 상어의 뒷골통 뼈에 맞았다. 그리고 노인은 상어가 천천히 살점을 물어갈 때 또 한 번 같은 곳을 내리쳤다. 상어가 다시 올까 지켜보았지만 둘 다 나타나지 않았다.

얼마 후, 한 마리가 바다 수면에서 헤엄치고 있었고 다른 한 마리는 그림자도 얼씬하지 않았다.

'그 정도로 죽을 놈들이 아니지. 내가 젊었다면 문제없이 죽였을 텐데……. 하지만 상처를 심하게 입었으니 기분이 좋지는 않을 거야. 두

손으로 몽둥이를 잡고 때렸다면 처음 놈은 죽일 수도 있었는데…….
아깝군.'

노인은 다시 고기를 볼 생각이 나지 않았다. 왜냐하면 거의 반이나
뜯겼다는 것을 알기 때문이었다. 어느 새 해는 상어 떼와 싸우는 동안
져 버렸다.

"곧 깜깜해지겠군. 그럼, 아바나의 불빛이 보이겠지. 동쪽으로 너무
와 있다면 다른 해안의 불빛도 보일 텐데……."

'이제 육지는 얼마 남지 않았을 거야. 마을 사람들 중 누구도 나 때문
에 걱정하지 않았으면 좋겠는데……. 분명히 그 애는 나를 걱정할 거
야. 늙은 어부들도 나를 걱정하겠지. 다른 사람들도 그렇겠고.'

고기는 너무 형편없는 꼴이 되어 버려 말을 붙일 용기조차 나지 않았
다. 노인은 문득 어떤 생각이 떠올랐다.

"반밖에 남지 않았어. 이제 너는 반이 되고 말았어. 멀리까지 나온 게
잘못이었어. 내가 우리 둘 다 망쳐 버렸구나. 그렇지만 우리 둘은 상
어를 굉장히 많이 죽였지. 너는 몇 마리나 죽였니? 그 뾰족한 주둥이
는 그냥 달고 있는 것이 아니겠지?"

만약 이 고기가 마음대로 헤엄쳐 다닐 수 있다면 상어와 어떻게 싸웠
을지를 생각하니 기분이 좋아졌다.

'주둥이를 맨 줄을 끊어 버릴 걸 그랬나?'

그렇지만 노인에겐 칼도 없고 도끼도 없었다.

'칼이나 도끼가 있어서 노 손잡이에다 매달 수 있었다면 굉장히 훌륭
한 무기가 되었을 텐데……. 그러면 너하고 내가 같이 힘을 합해 싸
울 수 있었을 텐데 말이야. 밤중에 상어가 또 덤벼들면 어떻게 해야
좋을까?'

생각 끝에 그는 소리내어,

"싸우는 거야!"

라고 말했다.

"그래, 죽을 때까지 싸우는 거야."

날은 이미 어두웠지만 아무런 불빛도 보이지 않고 저녁 노을도 없는데다 바람만 분다는 것을 느꼈다. 그리고 꾸준하게 달리는 배의 속력만 느낄 뿐이었다.

노인은 아마 자기가 벌써 죽었을지도 모른다고 생각했다. 두 손을 맞쥐고 손바닥의 감촉을 느껴 보았다. 손바닥은 살아 있었다. 그는 두 손을 폈다가 오므렸다가를 반복하며 살아 있는 고통을 느꼈다.

노인은 고물에 기대어 보고 틀림없이 자기가 죽지 않았다는 것을 알았다. 어깨의 감각도 아직 죽지 않았다는 것을 말해 주었다.

'물고기를 잡으면 기도하기로 했었는데……. 지금은 기도문이 생각나지 않아. 그리고 지쳐서 아무것도 할 수 없어. 참! 자루로 어깨를 덮는 것이 좋겠군.'

노인은 고물에 기대어 키를 잡고 하늘에 비친 도시의 불빛이 보이기를 애타게 기다렸다.

'아직 반은 있어. 앞의 반쪽이라도 가져갈 수 있다는 것은 운이 좋은 거야. 아니, 아니야. 그게 운이 좋은 게 아니야. 나는 너무 멀리 나가서 자신의 운명을 망쳐 놓았어.'

"바보 같은 소리 좀 하지 마. 졸지 말고 키를 단단히 잡으라고! 어쩌면 내게 또다시 행운이 올지도 모른다고."

그는 큰 소리로 말했다.

"운을 파는 곳이 있다면 그 운을 좀 사고 싶군. 그러나 무엇을 주고 그 운을 살 수 있을까? 잃어버린 작살과 망가진 칼, 그리고 이 쓸모없는 손으로 그것을 살 수 있을까 ? 살 수 있을지도 몰라. 나는 84일간 허탕친 것으로 그 운을 사려고 했잖아. 그리고 그 운을 막 손에 넣을 뻔했지."

노인은 쓸데없는 생각을 하지 말아야 한다고 생각했다.

'운은 여러 가지 형태로 나타나지. 그렇다면 그게 운인지 어떻게 알 수 있을까? 운이 어떤 형태로 있든 여하튼 나에게는 운이 조금은 있었어. 그렇다면 그 운에 대한 값을 조금이라도 치러야지. 환한 불빛이 보였으면 좋겠다……. 나는 바라는 것이 너무 많아. 그러나 지금 가장 절실하게 바라는 것은 불빛을 보는 거야.'

노인은 키를 좀더 잡기 편한 자세를 취했다. 몸이 아픈 것으로 자신이 아직 죽지 않았음을 확인했다.

밤 10시쯤 되었다고 생각될 무렵, 노인은 도시의 불빛이 하늘에 훤하게 비치는 것을 보았다.

처음에는 너무 희미해서 달이 뜨기 전에 하늘이 훤해지는 줄 알았다. 그러다가 이제는 세게 부는 바람 때문에 파도가 이는 바다 너머로 줄곧 불빛이 보였다. 노인은 불빛이 보이는 방향으로 배를 돌리고는 오래지 않아 멕시코 만류 끝에 닿을 것으로 생각했다.

'상어 떼가 또 와도 나는 이제 싸울 수가 없어. 이젠 모두 끝났어. 이렇게 깜깜한데다 상어와 싸울 무기도 없잖아.'

노인의 몸은 굳었고 여기저기가 쓰라렸다. 긴장되었던 근육이 차가운 밤공기와 함께 아파 왔다.

'이 세상과 싸우지 않았으면 좋겠어. 다시는 상어 떼와 싸우고 싶지 않아.'

하지만 노인은 또 한번 상어와 싸워야 했다. 이번 싸움은 헛된 것이라는 것을 노인은 알았다. 상어는 떼를 지어 몰려왔지만 노인은 상어의 지느러미가 물 위에 그리는 선만 보았을 따름이다. 그 선과 상어 떼가 먹이에게 덤벼들 때 내는 빛이 어렴풋하게 보일 뿐이었다.

노인은 상어의 머리를 노리고 마구 몽둥이를 휘둘렀다. 상어가 고기의 살을 물어뜯는 소리가 들렸다. 배 밑에서 상어가 고기를 물어뜯을 때면 배가 흔들렸다. 노인은 그저 육감과 소리만으로 필사적으로 몽둥이를 휘둘렀다. 하지만 무언인가가 몽둥이마저 채어갔다.

노인은 키에서 손잡이를 떼어 내어 두 손으로 움켜쥐고 닥치는 대로 마구 휘둘렀다. 그러나 상어 떼가 이번에는 이물 쪽으로 몰려서 번갈아 가면서 때로는 한꺼번에 덤벼들면서 고기를 물어뜯었다. 상어 떼가 고기에게 다시 덤벼들려고 돌 때마다 고기의 물어뜯긴 살점이 물 속에서 허옇게 빛났다.

그러다 한 마리가 고기의 머리로 달려드는 것을 보고는 모든 것이 끝났다는 것을 알았다. 노인은 좀처럼 뜯기지 않는 고기의 질긴 머리에 턱을 붙이고 있는 상어의 정수리를 겨누어 손잡이를 휘둘렀다.

한 번, 또 한 번, 몇 번이고 후려쳤다. 키 손잡이가 부러지는 소리가 들렸다.

노인이 부러진 나무 끝으로 상어를 찌르자 부러진 끝이 예리하게 파고드는 것을 느꼈다. 노인은 다시 깊게 찔렀다. 상어는 물었던 고기를 놓고 힘없이 축 늘어져 물러났다. 이것이 마지막으로 몰려드는 상어 떼였다. 상어 떼는 이제 몰려올 이유가 없었다. 고기에게는 더 이상 뜯을 곳이 없었기 때문이다.

노인은 거의 숨을 쉴 수가 없었다. 입 안에서 야릇한 맛이 났다. 구리 맛이었는데 달아서 순간 겁이 났다. 그러나 그 맛도 곧 없어졌다. 노인은 바다에 침을 뱉었다.

"이거나 먹어라, 상어야. 그리고 사람을 죽이는 꿈이라도 꾸어라."

노인은 이제 완전히 녹초가 되어 있었다. 고물 쪽으로 기어가서 떨어져 나간 키 손잡이의 부러진 끝을 키 구멍에 집어넣었다. 다행히 방향만은 잡을 수 있었다.

노인은 자루를 펴서 어깨에 두르고 배의 방향을 잡았다. 이제 배는 가볍게 바다 위를 달렸다.

아무 생각도 나지 않았다. 아무 느낌도 없었다. 노인은 모든 것을 초월했다. 이제 무관심했다. 배가 옆에 달린 무거운 짐을 잃고 가볍고 순조롭게 바다를 미끄러져 나가는 것을 지켜보고 있을 뿐이었다.

'배는 안전해.'

하고 노인은 생각했다. 배는 키 손잡이말고는 모두 온전했다. 키 정도는 쉽게 바꿀 수가 있었다.

배가 조류 안으로 들어간 것을 느끼자, 노인은 해안을 따라 늘어서 있는 마을의 불빛을 볼 수 있었다. 그는 지금 자기가 어디에 있는지 그 곳의 위치를 알았다. 이제 돌아가는 것은 문제없었다.

'뭐니뭐니해도 바람은 내 친구야. 물론 때에 따라서 말이지.'

하고 노인은 단서를 붙였다.

'바다, 그 곳에는 우리의 친구가 있고 적도 있지. 그리고 침대는 위대한 거야. 곤하게 시달렸을 때 침대만큼 편안함을 주는 것은 없으니까. 나는 이전까지 침대가 얼마나 편한 것인지 몰랐었어. 그런데 도대체 무엇이 너를 이렇게 피곤하게 한 거야?'

"너무 멀리 나갔던 것이 잘못이었어."


## 돌아온 노인

노인은 조그만 항구로 돌아왔을 때 동네 사람들이 모두 잠들어 있다는 것을 알았다. 테라스관의 불도 꺼져 있었다.

바람은 점점 더 세게 불어서 차츰 강풍으로 변해 갔다. 그러나 항구는 잠잠했다. 노인은 바위 밑 좁은 자갈밭에 배를 댔다. 아무도 도와주는 사람이 없었다. 될 수 있는 대로 배를 뭍에 바짝 대었다. 그리고는 배에서 내려 배를 바위에 비끄러매었다.

노인은 돛대를 내리고 돛을 감아 묶었다. 그리고는 돛대를 어깨에 메고 언덕을 올라가기 시작했다. 그 때에 비로소 그는 자신이 얼마나 지쳤는지를 알았다. 잠깐 발을 멈추고 뒤를 돌아보았다. 고기의 커다란 꼬리가 가로등 불빛의 반사로 뒤편에 빳빳이 서 있는 것이 보였다. 노출된 등뼈의 뚜렷한 선과 삐죽한 주둥이를 가진 머리의 검은 덩어리가 보이고 그 사이는 아무것도 없었다.

노인은 다시 언덕을 기어올랐다. 다 올라갔을 때 노인은 그만 넘어져서 돛대를 어깨에 멘 채 한동안 쓰러져 있었다. 어떻게 해서든 일어나려고 했지만 아무리 애를 써도 몸이 말을 듣지 않았다.

겨우 반쯤 일어나 돛대를 다시 어깨에 메고 길을 바라보았다. 길 저쪽에 고양이 한 마리가 지나갔다. 노인은 고양이를 물끄러미 바라보았다. 그리고는 망연히 길바닥으로 시선을 옮겼다.

마침내 노인은 돛대를 내려놓고 일어났다. 다시 돛대를 추켜올려 어깨에 메고 길을 올라가기 시작했다. 오두막집에 도착할 때까지 다섯 번이나 쉬어야 했다.

오두막집에 들어가서 노인은 돛대를 벽에 세웠다. 어둠 속에서 물병을 찾아 물을 한 모금 마셨다. 그리고는 침대에 그대로 쓰러졌다. 담요를 끌어당겨 어깨와 등과 다리를 덮고, 두 팔을 담요 밖으로 뻗어 손바닥을 위로 젖히고 신문지로 얼굴을 덮고 잠이 들었다.

아침이 되어 소년이 오두막집의 문을 들여다보았을 때, 노인은 여전

히 잠들어 있었다. 바람이 심해져서 그 날은 사람들이 고기를 잡으러 바다로 나가지 못했기 때문에 소년은 늦게까지 잠을 자고 온 것이다.

그 동안 소년은 매일 노인의 집에 와서 노인이 왔는지를 확인했다. 소년은 노인의 숨결에 귀를 기울이고, 노인의 두 손을 보고 울음을 터뜨렸다. 소년은 커피를 가지고 오려고 조심스럽게 밖으로 나와 길을 내려가면서도 계속 울었다.

어부들은 노인의 배 주위에 모여 배 곁에 비끄러맨 것을 구경하고 있었다. 그 중에 한 사람은 바지를 걷어올리고 물 속으로 들어가서 노인이 잡은 고기 뼈의 길이를 재었다.

"우와, 대단한 놈이야!"

소년은 사람들이 모여 있는 배로 내려가지 않았다. 이미 소년은 배에 갔다가 할아버지 댁에 들린 것이기 때문이다.

어부 중 한 사람이 소년 대신 고기를 잡고 돌아온 배의 뒷정리를 하고 있었다.

"할아버지는 좀 어떠시냐?"

어부 중 한 사람이 소년에게 물었다.

"주무세요."

소년이 소리질러 대답했다.

울고 있는 자기를 어부들이 어떻게 보든 소년은 상관하지 않았다.

"그대로 푹 주무시게 아무도 깨우지 마세요."

"코에서 꼬리까지 6미터나 되는걸."

고기를 재던 어부가 소리쳤다.

"그 정도는 될 거예요."

소년이 말했다.

소년은 테라스관으로 가서 커피 한 깡통을 달라고 했다.

"뜨겁게 해서 밀크와 설탕을 듬뿍 넣어 주세요."

"뭐 더 필요한 것은 없니?"

"아뇨. 이따가 잡수실 만한 것을 여쭤볼게요."

"큰 고기를 잡으셨더라. 그런 큰 고기는 내 살아 생전에 처음 봤어. 어제 네가 잡은 두 마리도 좋았는데……."

"제 고기는 아무래도 좋아요."

소년은 이렇게 말한 다음 울음을 터뜨렸다.

"너도 뭐 좀 마시지 않으련?"

"아니요, 괜찮아요. 모두들 산티아고 할아버지를 귀찮게 깨우지 말아 주세요. 곧 돌아올게요."

"할아버지께 참 안됐다고 전해 드려라."

"예."

소년은 뜨거운 커피가 든 깡통을 들고 노인의 오두막집으로 들어가 노인 옆에서 노인이 깨어날 때까지 기다렸다. 노인은 한 번 움찔하며 잠에서 깨어나는 것 같았다. 그러나 다시 깊은 잠으로 빠져들었다.

소년은 길 건너에서 장작을 꾸어다 커피를 뜨겁게 데웠다. 그리고 났더니 노인이 잠에서 깨어났다.

"일어나지 마세요, 할아버지. 뜨거운 커피예요. 좀 드세요."

소년은 컵에다 커피를 따라 주었다. 노인은 커피를 받아 마셨다.

"놈들한테 졌어. 마놀린!"

"……."

"정말 놈들한테 졌어."

"할아버지, 할아버지가 진 게 아니에요. 고기한테 지지 않았다고요."

"그렇지, 정말 그래. 내가 진 건 나중 일이었어."

"페드리코가 배랑 선구랑 돌보고 있어요. 고기 머리는 어떻게 할까요?"

"잘라서 고기 덫에다 쓰라고 하지 뭐."

"그 창날 부리는요?"

"갖고 싶니? 네가 갖고 싶다면 가지렴."

"예, 갖고 싶어요."

"모두들 나를 찾았니?"

"그럼요. 해안 경비선이랑 비행기까지 동원됐었어요."

"바다는 너무 넓고 배는 너무 작으니 찾기가 힘들었을 거야."

노인은 이렇게 소년과 이야기하면서 이렇게 말상대가 있다는 것이 얼마나 즐거운지를 비로소 알게 되었다.

"너랑 갔으면 좋았을 텐데……. 네 생각 많이 했다. 넌 고기를 잡았니?"

"첫 날 한 마리 잡고, 이튿날 한 마리, 셋째 날에 두 마리를 잡았어요."

"많이 잡았구나!"

"이제 우리 둘이 함께 바다에 나가서 잡아요, 할아버지."

"아니야. 나는 운이 없는 어부야. 이젠 운이 다했단다."

"운이요? 그까짓 운이 어쨌다는 거예요, 할아버지! 그 행운이란 거 내가 가지고 가면 되잖아요?"

"집에서 부모님이 뭐라고 하실 거야."

"상관 없어요. 전 어제 두 마리를 잡았어요. 그래도 아직 할아버지께 배울 게 많으니까 이제부터는 저랑 함께 나가요!"

"잘 드는 창을 하나 구해서 고기잡이에 나갈 때 가지고 가야겠어. 창날은 낡은 포드 자동차 스프링 조각으로 만들면 될 거야. 구아나바코아에 가서 갈아 오면 돼. 끝을 뾰족하게 갈아야 하고, 잘 부러지지 않게 불에 달구어야 해. 내 칼이 부러졌단다."

"칼도 구하고 스프링도 갈아 올게요. 그런데 지금 부는 태풍은 며칠이나 갈까요?"

"한 사흘 정도. 좀더 계속될지도 모르지만."

"준비는 제가 다 해 놓을게요. 할아버지는 얼른 손이나 낫도록 하세요."

"그래. 나는 손이 낫는 법을 알고 있어. 밤에 뭔가 이상한 걸 토했는데⋯⋯. 가슴속 뭔가가 망가진 것 같은 기분이 들더구나."

"그 병도 고쳐야지요. 누워 계세요, 할아버지. 깨끗한 셔츠를 갖다 드릴게요. 잡수실 것이랑 같이요."

"내가 그 동안 보지 못했던 신문이 있거든 아무거나 갖다 주겠니?"

"할아버지, 빨리 나아야 해요. 전 할아버지께 배울 것도 많고, 뭐든 다 가르쳐 주셔야 하니까 말이에요. 무척 힘드셨죠?"

"그래, 무지 힘들었단다."

"그럼, 잡수실 거랑 신문을 가져올게요."

"고맙다."

"제가 갔다 올 동안 푹 쉬세요. 할아버지 손에 바를 약도 가져올게요."

"페드리코에게 내가 머리를 주겠다는 말을 꼭 전해라."

"걱정 마세요. 잘 기억하고 있어요."

소년은 문 밖으로 나와 화석이 된 산호초 길을 걸어가면서 또 울었다.

그 날 오후 테라스관에서 관광객들의 파티가 있었다. 빈 맥주 깡통과 죽은 꼬치어가 흩어져 있는 곳에서 바다를 내려다보았다.

　한 부인이 커다란 꼬리가 있는 거대하고 기다란 고기의 뼈를 보았다. 항구의 어귀에서 동풍이 큰 파도를 계속해서 밀어 보내 뼈는 물결과 함께 떠올랐다가 크게 흔들렸다.

　"저게 뭐죠?"

　부인은 쓰레기처럼 물결에 실려 나가기를 기다리는 큰 고기의 뼈를 손가락으로 가리키며 식당 종업원에게 물었다. 그 때 마침 고기의 해골이 조수에 흘러 나가고 있었다.

　"티부론입니다."

　"......?"

　"상어의 일종이죠."

　식당 종업원은 노인이 겪은 일을 처음부터 얘기하려고 했다.

　"어머! 상어가 저토록 아름답고 멋지게 생긴 꼬리를 달고 있다는 걸

전혀 몰랐어요."

부인이 말했다. 곁에 있던 부인의 남편도,

"나도 몰랐어. 정말 대단해."

하고 말했다.

언덕 꼭대기에 있는 노인의 오두막집에서 노인은 다시 잠이 들었다. 소년은 노인 곁에 앉아 노인을 지켜보았다. 노인은 사자 꿈을 꾸고 있었다.

# 킬리만자로의 눈

킬리만자로는 5,895미터, 눈에 뒤덮인 산으로, 아프리카 대륙에서 제일 높은 산이라고 한다. 서쪽 봉우리 가까이에는 바짝 말라 얼어붙은 표범의 시체가 하나 있다. 도대체 그 높은 곳에서 표범은 무엇을 찾고 있었을까?

그러나 그것을 설명해 주는 사람은 아무도 없었다.

"신기한 노릇이야. 고통이 사라졌으니……."

한 남자가 말했다.

"그래서 사람은 자기의 죽음의 때를 아는 모양이야."

"정말이요?"

"정말이고말고. 그런데 이렇게 고약한 냄새를 피워서 정말 미안하군. 이젠 당신도 견디기 힘들 거야."

"그런 것은 신경 쓰지 마세요."

"저것 좀 봐."

남자가 말했다.

"저것들이 모여드는 건 내 꼴을 보고 오는 것일까? 아니면, 냄새를 맡고서 오는 것일까?"

그가 누워 있는 침상은 미모사나무의 넓은 그늘이었다.

그늘 건너편의 눈이 부시게 반짝거리는 벌판에는 커다란 새 세 마리가 음산한 모습으로 웅크리고 있었다. 그리고 하늘에는 열서너 마리의 새가 날고 있었다. 새들이 날아갈 때마다 민첩하게 움직이는 그림자가 땅으로 보였다.


"저 새들은 트럭이 고장난 그날부터 줄곧 저기에 있었지."

남자가 말했다.

"땅에 내려와 앉은 건 오늘이 처음이야. 저 새들을 언젠가 소설에 쓰고 싶을 때가 있을 것 같아서 새들이 날아가는 모양을 유심히 관찰했지. 생각하니 우스운 짓이었어."

"그런 건 생각하지 말아요."

여자가 말했다.

"그냥 이야기하는 거야. 이야기라도 하면 한결 편하니까. 그렇지만 당신을 귀찮게 하려는 건 아니야."

"당신이 이야기한다고 제가 귀찮아하겠어요? 아시면서 그런 말을 하시기는……."

"……."

"아무것도 해 드리지 못해서 안타까울 뿐이에요. 비행기가 올 때까지는 되도록 편하게 해 드리고 싶어요."

"음……. 그러니까 비행기가 올 때까지란 말이군."

"어서 제가 할 일이나 가르쳐 주세요. 제가 할 일이 있을 것 같은데……."

"내 다리를 잘라 주오. 그러면 고통이 없어질 것 같으니……. 확실하지는 않지만. 다리를 자르는 게 힘들다면 날 총으로 쏴서 죽여 주든지. 이젠 당신도 총을 잘 쏘지 않소? 내가 당신에게 총 쏘는 법을 가르쳐 주었지."

"그런 말씀은 하지 마세요. 자, 책을 읽어 드릴까요?"

"무얼 읽으려고?"

"가방 속에서 뭐든 꺼내서 읽어 드리죠."

"난 듣고 있을 수가 없어. 그냥 이야기하는 편이 나아. 싸움이라도 하고 있으면 시간이 잘 지나갈 거야."

"전 싸움은 안 해요. 하고 싶지도 않고요. 이젠 싸움은 그만 하자고요. 아무리 화가 나도 말이에요. 아마 오늘쯤 사람들이 다른 트럭을 갖고 돌아올 거예요. 어쩌면 비행기가 올 수도 있고요."

"난 꼼짝도 하기 싫어. 당신을 편하게 해 주기 위해서라면 몰라도 이젠 움직인다는 것은 어리석은 일이야."

"그건 비겁해요."

"공연히 남을 욕하지 말고 마음 편하게 죽게 내버려 둘 수는 없소? 내게 욕을 한다고 해서 무슨 소용이 있겠소?"

"당신은 죽지 않아요."

"어리석은 희망이야. 나는 지금 죽어 가고 있는 중이야. 저 빌어먹을 놈들한테 한번 물어 보구려."

그는 크고 못생긴 독수리들이 북슬북슬한 털 속에 벌거숭이 머리를 파묻고 앉아 있는 쪽을 바라보았다.

네 번째 새가 땅으로 내려와 잰 걸음으로 다른 새들에게로 지척지척 걸어갔다.

"저런 새들은 어느 캠프장에도 있는 보통의 새들이에요. 당신 눈에 띄지 않았을 뿐이죠. 인간이란 단념만 하지 않으면 죽지 않아요."

"천만에! 나는 단념하지 않는 의지의 남자였어. 하지만 지금은 상황이 달라."

그는 드러눕더니 한동안 말없이 햇빛에 아지랑이가 이는 벌판 저 건너 숲 속을 바라보았다. 노란 벌판을 배경으로 몇 마리의 산양이 조그맣고 하얗게 보였다.

그 곳은 언덕을 등지고 큰 나무 그늘 밑에 자리잡은 기분 좋은 캠프장으로 특히 물이 좋았다. 그리고 바로 옆에는 거의 물이 말라 버린 샘물이 있는데, 아침마다 들꿩이 그 곳으로 날아들었다.


"책 읽어 드릴까요?"

여자가 다시 물었다.

여자는 그의 침상 옆의 캔버스 의자에 앉아 있었다.

"산들바람이 불어요. 책 읽기에 아주 좋아요."

"아니, 읽을 필요 없어."

"아마 트럭이 올 거예요."

"트럭 같은 게 오든 말든 난 상관 안 해. 아무래도 좋아."

"저는 그렇지 않아요."

"당신은 내가 신경 쓰지 않는 많은 것들에 대해 괜히 쓸데없는 걱정을 하는군."

"그렇지도 않아요, 해리."

"술은 어떨까?"

"술은 당신에게 해로울 거예요. 블랙의 책에도 알코올 성분은 일체 피하라고 씌어 있어요. 그러니까 술을 마시면 안 된다고요."

"몰로!"

남자는 하인을 불렀다.

"네, 주인님."

"위스키 소다를 가져와 봐."

"네, 주인님."

여자가 말했다.

"그런 게 바로 내가 말한 단념이군요. 책에도 분명히 술이 나쁘다고 적혀 있어요. 더구나 당신에겐 더욱 해로워요."

"아니, 나에게는 좋아."

남자는 이제 모든 것이 끝장났다고 생각했다.

'이제 끝맺을 기회는 영영 없어. 마무리할 기회는 없을 거야. 이 모양으로, 마시겠다거니 마시면 안 된다거니 하고 싸우다가 죽는 게 오늘이 마지막일 거야. 오른쪽 다리에 괴저(살이 썩는 것)가 생긴 뒤부터는 고통이란 것을 느끼지 못했어. 고통과 더불어 공포감까지도 사라졌어. 이제 느끼는 것은 오로지 심한 피로와 '이것이 끝이로구나' 하는 억울함뿐이야.'

남자는 닥쳐오는 죽음에 대해서 거의 관심이 없었다. 몇 해 동안 죽음에 대한 생각이 그의 마음속에 계속 있었다. 하지만 이제는 죽음 자체가 무의미했다.

너무 피곤해지면 죽음도 대단하지 않게 여겨지는 것일까? 그는 죽음에 대한 자신의 생각이 바뀐 것이 참으로 이상했다.

남자는 그 동안 충분히 이해하고 훌륭한 글을 쓸 때까지는 글을 쓰지 않기로 했었다. 그러면 써 보려다가 실패할 경우도 없기 때문이다. 하지만 지금에 와서는 어차피 글을 쓸 수 없게 되었다. 그 동안 차일피일 미루고 글을 쓰지 않은 것이다.

"여기에 오지 말았어야 했는데……."

여자는 혼잣말을 했다. 그리고는 유리컵을 손에 들고 입술을 깨물며 남자를 바라보았다.

"파리에 있었더라면 이 지경까지는 안 됐을 거예요. 당신은 파리가 좋다고 늘 그러셨지요. 파리에 머무를 수도 있었고 또 어디든지 갈 수 있었지요. 전 어디든지 갔을 거예요. 당신이 원하는 곳이라면 어디든지 가겠다고 내가 말한 것을 기억하세요? 사냥을 하고 싶었다면 난 헝가리에 가서 사냥을 했을 거예요. 어쩌면 그 편이 좋았을 거예요. 재미도 있었을 거고요."

"당신의 그 푼돈으로 말이오?"

남자가 말했다.

"너무 야속하게 말하지 마세요. 내 돈은 언제나 당신의 돈이었어요. 전 모든 일을 제쳐두고 당신이 가자는 데라면 어디라도 갔어요. 또 당신이 원하는 일이라면 무엇이든 했고요. 하지만 여기만은 오지 말았어야 했어요."

"당신은 여기가 좋다고 말하지 않았소?"

"당신의 몸이 건강했을 땐 좋았지요. 하지만 지금은 아니에요. 어째서 당신 다리가 이 모양이 됐을까요? 우리는 이런 일을 당할 만한 짓을 한 건가요?"

"처음에 긁혔을 때 요오드팅크를 발라 두는 걸 잊었으니까. 그래서 이렇게 된 거야. 나는 잘 곪는 체질이 아니어서 전혀 신경을 쓰지 않았어. 또 상처가 악화된 뒤에 다른 약이 떨어져서 묽은 석탄산액을 쓴 게 잘못이었어. 그게 나빴던 거야. 모세혈관이 마비되어 괴저가 생긴 것 같아."

남자는 여자를 보고 말을 계속 했다.

"그 밖에 또 뭐가 문제였을까?"

"제 말은 그런 뜻이 아니에요."

"기술이 없는 키쿠유 족 운전사 대신 훌륭한 기술자를 둘 걸 그랬어. 그러면 기름 상태도 살폈을 거고, 트럭의 베어링도 태우지 않았을 테니까."

"그런 뜻이 아니라니까요."

"당신이 당신네 족속, 썩어문드러진 올드 웨스트베리 족, 새러토가 족, 팜 비치 족('올드 웨스트베리', '새러토가', '팜 비치'는 부자들이 모이는 미국의 유명한 피서지)이랑 헤어지지 않았더라면……. 나를 사랑하지 않았더라면……."

"그런 소리 말아요. 당신을 사랑했기 때문에 당신을 따라온 거예요. 너무 하시는군요. 나는 지금도 당신을 사랑해요. 언제까지나 나는 당신을 사랑하겠어요. 당신은 나를 사랑하지 않나요?"

"그렇소. 나는 당신을 사랑한다고는 생각지 않아. 한번도 당신을 사랑해 본 적이 없어."

"해리! 무슨 말을 그렇게 해요? 당신, 지금 제정신이에요?"

"난 정신이 말짱해."

"술 마시지 말아요. 제발 마시지 말아요. 둘이서 가능한 모든 수단을 써서 이 어려움을 견뎌야 해요."

여자의 말에 남자는 이렇게 대꾸했다.

"당신이나 해. 나는 이제 지쳤다고!"


남자는 카라카치 역이 생각났다.

이것은 그가 후일 글을 쓰려고 간직해 두었던 것 중의 하나다.

그는 짐을 손에 들고 서 있다. 지금 어둠을 뚫고 들어오는 것은 심프론 오리엔트 철도 회사의 열차에서 비치는 헤드라이트다. 퇴각 후 그는 트라키아를 막 떠나려고 했다.

그 날 아침식사 때 창 밖을 바라보다 불가리아의 눈이 쌓인 산을 보았던 일이 생각났다.

"저게 눈인가요?"

라고 난센의 비서가 노인에게 묻는다. 노인은 창 밖을 바라보면서

"아니야, 저건 눈이 아니야. 눈은 아직 올 때가 아니야."

라고 대답한다. 비서는 다른 여자들에게,

"이것 봐! 눈이 아니래."

라고 되풀이해서 말한다. 그러면 여자들은 일제히,

"저건 눈이 아니에요. 우리들이 잘못 봤어요."

라고 말한다.

하지만 그것은 틀림없는 눈이었다. 그 눈 속으로 여러 사람을 보냈다. 그 날은 주민들의 교체 입주가 있는 때였다. 그리고 모두들 눈 속을 터벅터벅 걷다가, 그 해 겨울에 모조리 얼어 죽고 말았다.

그 해 크리스마스 휴가 중에도 일주일 내내 가우에르탈 산에 눈이 내렸다.

그 해는 모두들 나무꾼의 오두막에 묵고 있었다. 그 오두막집은 크고 네모난 사기 난로가 방 절반을 차지하고 있었다. 밤나무 잎새를 잔뜩 넣은 요를 깔고 잠을 잤다.

그 때 탈주병 한 명이 눈 속에 발이 피투성이가 되어 나타났다. 탈주병은 헌병이 자기를 쫓고 있다고 말했다. 그들은 그에게 털양말을 주어 도망을 시키고, 뒤쫓아 온 헌병을 도망자의 발자국이 눈으로 덮일 때까지 이야기를 늘어놓으며 붙들어 두었다.

슈른츠에서의 크리스마스 날, 눈이 너무 환하게 반짝여서 주막에서 밖을 내다보면 눈이 아플 정도였다. 그리고 사람들이 교회에서 집으로 돌아오는 것이 보였다.

가파른 언덕에 소나무로 둘러싸인 강기슭을 따라, 썰매 자국으로 길이 미끈해지고 오줌에 노랗게 물든 눈길을 어깨에 무거운 스키를 짊어지고 올라가던 곳이었다. 그리고 그 때 마드레너 산장 그 위 빙하를 단숨에 내려달리면, 눈은 각설탕처럼 미끄럽고 흰가루처럼 가벼웠다. 속도를 더하여 소리도 없이 전속력으로 달려내리면 마치 새가 된 것 같았다.

그 때, 눈보라로 모두들 일주일 동안 마드레너 산장에 묶여 오도가도 못하게 되어 자욱한 담배연기 속에 초롱불을 밝히고 트럼프 놀이만 했다.

그런데 렌트 씨가 지면 질수록 판돈의 액수가 더 높아졌다. 결국 그는 갖고 있던 돈을 몽땅 잃고 말았다. 스키이 교수에게서 받은 사례금, 시즌에서 얻은 이익금, 밑천까지도 모두 잃었다. 코가 긴 그 남자가 카드를 집어들자 보지도 않고 내던지던 모습이 눈에 선하다.

그 때는 자나깨나 노름을 했다. 눈이 안 온다고 노름을 하고, 눈이 너무 많이 온다고 노름을 했다. 그는 지금까지 노름으로 낭비한 모든 시간을 생각했다.


하지만 그는 그 날에 대해서는 한 줄의 글도 쓰지 않았다. 그 날은 평야 저 편으로 산이 뚜렷이 보였다. 그 춥고 맑게 갠 크리스마스 날, 바아커의 비행기는 전선을 넘어 휴가로 돌아가는 오스트리아 장교들의 열차를 폭격했다.

그리고 뿔뿔이 흩어져 도망가는 사람들을 기관총으로 쏘아 댔다. 그런 바아커에 대해서도 아직 쓰지 않았다.

그 뒤에 식당에 들어와서 그 때의 이야기를 하기 시작하던 바아커의 얼굴이 생각났다. 모두들 조용히 듣고만 있었는데 이윽고 누군가가 이렇게 말했다.

"에이, 무지막지한 백정 같으니!"

그러나 그 후 그와 같이 스키를 타던 사람들은, 그 무렵 우리가 죽인 사람들과 마찬가지로 오스트리아 인이었다.

'아니, 마찬가지는 아니야. 겨우내 함께 스키를 타던 한스는 카이저 경보병대 소속이었다. 제재소 위쪽 계곡으로 함께 토끼 사냥을 갔을 때, 파수비오의 전투와 페르티카의 아살로네를 공격했던 당시의 이야기를 전해 주었다. 그렇지만 그것에 대해서도 한 마디도 쓰지 않았어. 몬테 코르노며 시에테 코뭄이며 아르시에도에 대해서도 쓰지 않았어.'


그는 포어알베르크와 아를베르크에서 몇 번의 겨울을 보냈던 것일까? 그렇다. 네 번이었다. 그리고 보니 금방 생각이 났다. 그들이 걸어서 블루덴츠에 갔을 때 여우를 팔러 온 사람이 있었다. 그 때 선물을 사러 갔던 것이다. 또 고급 버찌 술에 있는 버찌의 진미가 생각났다. 굳게 얼어붙은 땅 위에 쌓인 가루가 휘날리도록 미끄러지며 노래를 불렀다.

"히! 호! 로리는 외쳤네!"

험한 골짜기로 마지막 코스를 달려가서 다시 길을 바로잡아 과수원을 세 번 돌고 빠져 나와 도랑을 넘어서 숙소 뒤의 빙판길로 나왔다. 바인딩을 두드려 느슨하게 하고 스키를 벗어 술집의 판자벽에 기대어 세워 놓았다. 램프의 불빛이 창에서 새어 나왔다.

안에서는 자욱한 담배 연기와 새 술의 향긋한 냄새가 풍기는 따스함 속에서 모두들 아코디언을 켜고 있었다.

"파리에서 우리는 어디에서 묵었지?"

그는 지금 아프리카에서, 자기 옆 캔버스 의자에 앉아서 여자에게 물었다.

"크리옹이요. 아시면서?"

"내가 어떻게 안단 말이오?"

"우리가 늘 머무르던 곳이잖아요."

"아니, 늘 같이 머무르던 곳은 아니었지."

"거기하고 생제르맹의 앙리 4세관이었어요. 거기가 무척 마음에 든다고 하셨잖아요?"

"좋아한다고 말한 것은 다 똥무더기 같은 소리야. 나는 똥무더기에 앉아서 시간을 알리려고 우는 수탉과 같은 신세였지."

"만일 부득이하게 가야 할 경우라면, 당신은 뒤에 남겨 둘 것을……."

"그렇게 모조리 때려부수고 싶으신가요? 당신 말도, 아내도 다 죽이고 안장도 갑옷도 다 불살라 버릴 생각인가요?"

"그렇소. 당신의 푼돈이 내 갑옷이었어. 나의 스위프트며 나의 아머(스위프트와 함께 시카고의 대부호)이기도 했어."

"그만 둬요."

"좋아, 그만두지. 당신을 괴롭히고 싶지는 않아."

"충분히 괴롭힌 다음 그런 말씀을 하세요."

"그렇다면 좋아. 좀더 괴롭혀 줄까? 그게 더 재미있으니까. 당신과 함께 했던 것이 좋았던 이유는 단 한 가지였어. 그런데 지금은 그것을 못하고 있지."

"아니에요. 당신은 지금 거짓말을 하고 있어요. 당신은 나와 함께 여러 가지 일을 하는 것을 좋아했어요. 당신이 하는 일은 빠짐없이 모두 나도 함께 했었잖아요."

"이봐. 이제 좀 자기 자랑은 그만하시지."

그가 여자를 쳐다보니, 여자는 울고 있었다.

"이봐. 이런 일을 하는 게 재미있다고 생각하나? 왜 이런 말을 하는 지 나도 잘 모르겠어. 당신을 살리려다가 오히려 죽이게 될 것 같아. 둘이서 이야기를 시작했을 때 나는 진지했어. 이런 이야기를 할 생각은 없었어. 그랬는데 지금은 완전히 바보가 되어 당신을 골탕먹이려고 애쓰고 있어. 그러니 내가 하는 소리에 신경 쓰지 마. 나는 당신을 사랑해. 진심으로 당신을 사랑한단 말이오. 여태까지 당신을 사랑하는 만큼 다른 사람을 사랑한 적은 한 번도 없어."

그는 버릇이 된 거짓말에 자기도 모르는 사이에 또 빠졌다. 그 거짓말로 그는 지금까지 여자에게서 빵과 버터를 벌어 왔던 것일까?

"당신은 제게 참으로 다정하셨어요."

"이 여자야! 이 돈 많은 여자야! 내가 지금 읊은 것은 시라고. 내 머릿속엔 지금 시로 가득 차 있어. 헛소리와 시가 말야. 헛소리 같은 시가 말이지."

"그만 둬요, 해리. 왜 당신은 지금 악마가 되어 가는 거지요?"

"나는 무엇이든 남겨 두고 가기 싫어. 아무것도 남기고 싶지 않단 말이야."


어느덧 저녁이 되었다. 남자는 잠시 잠이 들었다. 석양은 언덕 너머로 지고 벌판은 그늘로 뒤덮였다. 작은 짐승들이 캠프장 근처에서 먹을 것을 찾고 있었다. 머리를 설레설레 흔들고 꼬리를 휘휘 저으면서 먹을 것을 찾았다. 그 짐승들은 어느 새 수풀에서 꽤 멀리 떨어져 있었다.

남자가 아까 보았던 새들은 이제 땅에 없다. 모두가 나무에 올라앉아 있었다.

남자는 답답했다. 그 수가 아까보다 훨씬 많았다. 심부름하는 소년이 그 남자 옆에 앉아 있었다.

"마님은 사냥하러 나가셨어요."

"……."

"주인님, 뭐 시키실 일이라도……."

"아니, 없어."

여자는 양식으로 쓸 고기를 구하기 위해 사냥을 나갔다. 남자가 사냥감이 될 만한 짐승을 몹시 보고 싶어한다는 것을 알고 있었기 때문이다. 캠프장 근처의 짐승들은 건드리지 않으려고 먼 곳으로 갔다.

그가 볼 수 있는 이 수풀에서 소란을 일으키지 않으려고 먼 곳으로 간 것이다.

남자는 혼잣말을 했다.

"언제나 조심성이 있는 여자야. 알고 있는 것, 읽고 들은 것에 비해서는 사려 깊은 여자야."

라고 남자는 생각했다.


남자가 여자에게 접근했을 때 그는 이미 다 된 놈이었다. 그것은 여자의 책임은 아니었다. 남자가 마음에도 없는 헛소리를 늘어놓고 있다는 것을 어떻게 여자가 알 수 있을까? 단지 입버릇으로 또는 심심풀이로 남자가 지껄이고 있다는 것을 여자가 어떻게 알 수 있겠는가?

남자는 마음에도 없는 헛소리를 지껄인 뒤부터 그의 거짓말은 오히려 진실을 얘기할 때보다 여자들에게 더 효과적이었다. 그가 거짓말을 했다기보다는 오히려 이야기할 만한 진실이 없었던 것이다.

그는 인생을 마음껏 즐겼다. 그리고 그 즐거움이 끝나면 다른 패들과 부자로서 생활했다. 다른 여자, 돈이 더 많은 여자와 최상의 사람들과 새로운 사람들을 상대로 다시금 자기의 생활을 시작했었다.

'이런 생각은 집어치우자. 아니, 그 생활도 제법 괜찮았어. 대부분의 사람들은 쉽게 허물어지지만, 그렇지 않게끔 마음속을 단단히 무장하면 되니까. 지금까지 해 온 일들을 할 수 없게 되었으니 그런 일 따위는 신경 쓰지 않아도 된다고. 나는 언젠가는 이 사람들, 큰 부자들의 이야기를 써 볼 거야. 나는 사실 부자들의 동료가 아니다. 그들 사회의 스파이다. 그러니까 언젠가는 이 사회에서 빠져 나가 그것에 대해 글을 쓸 거야. 그 세계를 충분히 알게 되면 그 부자들의 세계는 꼭 다루어져야 한다고.'

하지만 남자는 그렇게 생각하면서도 부자에 대해 결코 쓰려고 하지 않았다. 부자들과 어울리면서 아무것도 쓰지 않고, 안일한 삶을 추구하며 자기가 멸시했던 그런 인간이 되어 버렸다.

매일매일의 생활이 그의 재능을 둔하게 만들었다. 또한 일에 대한 의욕마저 약하게 만들었기 때문에 그는 결국 아무것도 쓰지 못했다.

그의 인생에 있어서 가장 행복하게 지냈던 곳이 바로 아프리카였다. 그래서 그는 새 출발을 위해 이 곳으로 온 것이다. 남자와 여자는 이번 사냥 여행을 될 수 있는 대로 쉽게 넘기려 하지 않았다. 고생을 했다고 할 수는 없으나 사치하지도 않았다. 이렇게 해서 다시 훈련의 생활로 돌아갈 수 있다고 그는 생각했던 것이다.

이 방법으로 마치, 권투 선수가 군살을 빼려고 산 속으로 들어가 훈련을 하고 정신 수련을 하듯이, 자기도 정신을 덮고 있는 약간의 지방을 벗을 수 있으리라 생각했다.

여자도 그런 생활을 좋아했다.

"그런 생활을 무척 즐겨요."

하고 말하기까지 했다.

인생에 있어서 자극이 있고, 변화가 있는 것이라면 무엇이든 좋아했다. 거기에서 새로운 사람을 만나게 되는 것과, 그밖에 모든 일이 재미

있었기 때문에 일하겠다는 의욕이 되살아난 것 같은 착각이 들었다.

그러나 지금 이 모양으로 일생을 마쳐야 한다. 다리를 다쳐 고통스러워하며 말이다. 남자는 이 사실을 누구보다 잘 알고 있었다. 하지만 제 등뼈가 부러졌다고 해서 제 몸뚱이를 물어뜯는 뱀처럼 자기 자신에게 맞서서는 안 될 것이다.

'이 여자에게는 잘못이 없어. 만일 이 여자가 아니었다면 다른 여자가 있었을 거야. 내가 거짓말로 목숨을 부지했다면 거짓말로 죽어야 하겠지. 그것이 자연의 법칙이야.'

남자는 이렇게 생각했다.


언덕 저 너머에서 한 발의 총소리가 들렸다.

여자는 총을 잘 쏘았다.

'착하고 돈 많은 여자. 친절한 시중꾼.'

남자는 여자에 대해 이렇게 생각했다.

그리고 이 여자가 자기의 재능을 파괴했다고 생각했다. 그러다가 '당치도 않은 소리!' 라고 마음을 고쳐먹었다.

그의 재능은 그가 파괴한 것이다. 자기를 잘 돌보아 주었다고 해서 그 여자를 나무랄 수는 없다.

그의 재능이 다한 까닭은, 재능을 전혀 사용하지 않았기 때문이다. 너무 술을 많이 마셨기 때문에 지성의 칼날이 무디어졌던 것이다. 나태와 안일과 속물 근성, 교만과 편견, 그 밖에 수단과 방법을 가리지 않았기 때문에 재능이 망가진 것이다.

그렇다면 그의 재능은 무엇이었을까? 그것은 틀림없는 하나의 재능이긴 했지만 그는 재능을 이용하기보다는 그 재능을 사용해서 여자들을 이용했다.

그는 자기 재능을 실제로 발휘하지도 않았다. 다만 언제고 마음만 먹으면 그 재능을 펼칠 수 있을 것으로 여겼다. 그리고 자기의 생활을 하기 위해 그가 선택한 것은 펜이나 연필이 아니고, 다른 무엇이었다. 그가 또 다른 여자와 사랑에 빠지면 으레 예전에 만나던 여자보다는 돈이 더 많았다.

그는 지금 만나고 있는 여자를 사랑하지도 않으면서 거짓말만 해 댔다. 지금 만나는 여자는 어느 누구보다도 돈이 많고, 자기의 생활을 좋아했다.

이 여자는 과거에 남편과 자식이 있었고 애인도 있었다. 하지만 그들에게 만족하지 못하고 지금의 그를 한 작가로, 남성으로, 벗으로, 자랑할 만한 재산으로 극진히 사랑하고 있는 것이다.

그런데 그는, 전혀 그 여자를 사랑하지도 않으면서, 진실한 사랑을 하느라 거짓말을 하던 그 때보다 그 여자 돈에 대하여 더 많은 거짓말을 했다.

참으로 이상한 일이었다.

남자라는 인간은 모두 자기가 하는 일에 적합하게끔 되어 있다고 생각했다. 어떤 방식으로 생계를 이어 가든, 거기에는 각자의 재능이 있는 것이다. 그는 자기 일생을 통하여 어떤 한 형식으로 자기의 정력을 팔아먹어 왔던 것이다.

그가 애정에 너무 깊이 빠지지 않았을 때는 금전에 대해서 더욱 높은 가치를 매길 수 있다는 사실을 발견해 냈다. 하지만 그것 역시 지금은 쓸 수가 없다. 쓸 만한 가치는 충분히 있지만 쓰지 않을 것이다.

여자가 돌아왔다. 빈터를 가로질러 캠프장 쪽으로 걸어왔다. 여자는 승마 바지를 입고 라이플 총을 들고 있었다. 소년 두 명이 한 마리의 숫양을 어깨에 메고 따라왔다.

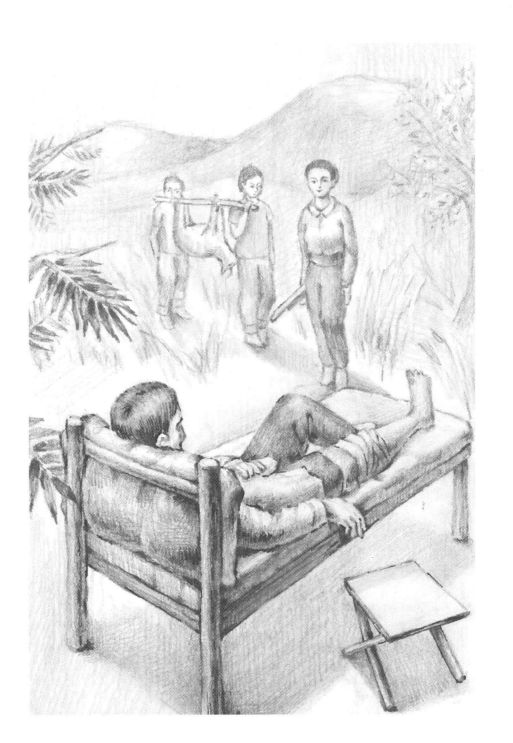

아직도 아름다운 여자라고 남자는 생각했다. 게다가 몸매가 날씬했고 잠자리에서도 제법 훌륭한 기술과 감수성을 지니고 있었다. 그 여자는 빼어난 미인은 아니었지만 남자는 그 여자가 예쁘게 보였다.

여자는 책을 좋아하고 승마와 사냥을 좋아한다. 단점이라면 술을 지나치게 마시는 것이다. 젊은 나이에 남편을 여의고 얼마 동안은 자식들에게 정성을 쏟으며 지냈다.

그러나 이제 막 어른이 된 자녀들은 어머니를 필요로 하지 않았고 그녀가 옆에 있는 것을 귀찮아 했다. 그래서 결국 그녀는 승마와 독서, 그리고 술에 빠지게 된 것 같다.

그녀는 저녁때, 그러니까 저녁 식사를 하기 전에 책을 읽는 것을 특히 좋아했다. 책을 읽으면서 습관적으로 위스키 소다를 마셨다. 저녁 식사 때까지 그녀는 많이 취해 있었다. 게다가 식사를 하면서 포도주 한 병을 비웠기 때문에 늘 술에 취해 잠이 들었다.

이런 생활은 애인이 생기기 전까지 계속되었다. 애인이 생긴 후부터는 술을 많이 마시지 않았다. 술에 취해서 잠이 들 이유가 없어졌기 때문이다. 그러나 애인들은 그녀를 따분하게 했다. 전에 결혼했던 사람은 그녀를 조금도 심심하지 않게 했으나, 남편이 죽은 뒤에 만난 남자들은 하나같이 여자를 권태롭게 했다.

그러다가 한 아이가 비행기 추락 사고로 죽었다. 이 일이 있고부터는 애인을 가지고 싶지 않았다. 술도 더 이상 마취제가 되어 주지 못하자 다른 생활을 해야 했다.

갑자기 자기가 고독하다는 것을 느끼면서 그녀는 몹시 놀랐다. 그녀는 지금까지 사귄 남자들과는 다른, 뭔가를 존경할 만한 남자를 원했다.

일은 지극히 간단하게 시작되었다.

그녀는 그가 쓴 소설을 좋아했다. 그의 생활을 늘 부러워했다. 그녀는 남자를 '하고 싶은 대로 하는 남자'로 생각했다.

두 사람이 가까워진 것과, 마침내 그와 사랑을 하게 되기까지는 그 남자의 각본대로 움직였다. 그녀는 그 남자와의 사랑으로 자기의 생활을 회복했고, 그 남자는 그 남자 대로 자기의 낡은 생활의 찌꺼기들을 없애 버릴 수 있었다.

남자는 생활의 안정과 위안을 위해서 각본을 갖고 여자에게 접근한 것이었다. 그것은 부인할 수 없는 사실이었다. 그 밖에 다른 이유가 있을까? 그 남자도 다른 이유는 알지 못했다.

여자는 남자가 원하는 것이라면 무엇이든지 사 줄 것이다. 그것은 분명한 사실이라는 것을 그 남자도 알았다. 게다가 그녀는 대단히 멋진 여자였다. 그 여자는 굉장한 부자였고, 아주 산뜻하고 눈치가 빠르며, 절대로 울거나 떠들어서 남자를 귀찮게 하지 않았다.

그러나 그녀가 다시 이룬 생활도 이젠 끝장이 나고 있었다. 원인은 남자가 두 주 전에 가시에 찔려 무릎에 상처가 생겼을 때 요오드팅크를 바르지 않은 것이었다.

큰 영양 떼 사진을 찍으려고 영양에게 가까이 다가갔을 때였다. 영양들은 고개를 들어 코로 냄새를 맡으면서 귀를 쫑긋 세워 조금이라도 소리가 나면 얼른 숲 속으로 뛰어들 태세를 하고 있었다. 그런데 남자가 사진을 찍기도 전에 그놈들이 도망을 가고 말았다. 그 때 가시에 찔려 다친 것이다.


여자가 남자 옆으로 왔다. 남자는 침대 위에서 머리를 돌려 여자 쪽을 보며 말했다.

"여보!"

"숫양 한 마리를 잡았어요."

여자가 말했다.

"당신에게 좋은 수프거리가 될 거예요. 크림과 감자를 넣고 끓여 드릴게요. 그런데 기분은 좀 어때요?"

"아주 좋아."

"정말요? 그럴 줄 알았어요. 사냥을 하러 나갈 때 당신은 잠들어 있었거든요. 아주 달게 자는 것 같았어요."

"아주 잘 잤어. 그런데 멀리 갔었소?"

"아니요. 저 언덕 너머까지밖에 안 갔어요. 산양을 아주 멋지게 쏘아서 잡았어요."

"당신의 사냥 솜씨는 일품이잖아."

"전 사냥하는 게 너무 좋아요. 그래서 사냥할 수 있는 장소가 많은 아프리카가 좋아요. 정말 당신 몸만 건강하다면 더 이상 좋을 수 없을 텐데……. 당신은 모르겠지만 당신과 이 곳에 함께 있어서 얼마나 좋은지 몰라요. 전 이 곳이 좋아졌어요."

"나도 그래."

"여보, 당신 기분이 좋아진 걸 보니 내가 얼마나 즐거운지 모르겠어요. 아까 같은 기분이라면 정말 견디기 힘들었을 거예요. 당신, 앞으로는 나를 괴롭히는 말이나 힘들게 하는 말은 안 할 거지요? 자아, 약속해요. 다시는 안 하겠다고!"

"내가 무슨 말을 했는지 모르는데 어떻게 약속을 해?"

"저를 힘들게 하지 마세요. 네? 저는 단순한 중년 여자일 뿐이에요. 그런데도 당신을 사랑하고 또 당신이 원하는 것을 해 드리고 싶어요. 저는 벌써 두세 번이나 당신에게 골탕을 먹었어요. 다시는 저를 힘들게 하지 마세요. 네?"

"몇 번 더 혼내 줄 건데. 침대 속에서."

"좋아요, 그렇게 혼내는 건……. 내일은 비행기가 올 거예요."

"그걸 어떻게 알지?"

"꼭 와요. 오기로 되어 있어요. 안 오면 안 되게 되어 있어요. 아이들은 벌써 나무를 베고 연기를 낼 풀을 준비했어요. 오늘도 거기에 가 보고 왔어요. 착륙할 공간은 충분해요. 빈터 양쪽 끝에서 연기를 올릴 준비도 다 마쳤어요."

"내일 비행기가 꼭 온다고 생각하는 이유가 뭐요?"

"반드시 올 거예요. 예정일이 벌써 지났는걸요. 비행기가 오면 도시로 돌아가 당신의 다리를 치료해요. 그리고 우리 둘이서 근사하게 살자고요. 아주 멋지게 살아요. 당신이 했던 그런 무시무시한 말은 하지 말고 살아요."

"같이 술이나 한잔 할까? 저녁도 되었으니."

"꼭 한잔 해야겠어요?"

"벌써 한잔 했어."

"그럼, 한 잔씩만 해요."

여자는 시중드는 사람의 이름을 불러 부탁했다.

"몰로! 위스키 소다 좀 가져올래?"

"모기에 물리지 않도록 장화를 신지 그래?"

남자가 걱정스러운 표정으로 여자에게 말했다.

"목욕하고 신을게요."


어둠이 점점 짙어가는 동안 두 사람은 술을 마셨다. 아주 캄캄해지기 직전이 되었다. 사격을 하기에는 너무 캄캄했다. 하이에나 한 마리가 언덕을 돌아와 들판을 건넜다.

"저놈은 매일 밤마다 들판을 건너가네."

남자가 말했다.

"두 주일 동안 계속이야."

"밤에 시끄럽게 소리를 지르는 게 저놈이군요. 저는 울음소리는 아무렇지도 않아요. 하지만 기분 나쁜 동물이지요."

남자는 이제 아무런 고통도 느끼지 않았다. 같은 자세로 누워 있어서 갑갑할 뿐이었다.

소년들이 불을 피우자 그림자가 텐트 위에서 춤을 추었다. 남자는 술을 함께 마시면서 이 모든 것을 남에게 맡긴 흐뭇한 생활을 묵인하고 싶은 생각이 떠올랐다. 여자는 남자에게 너무 상냥하고 잘해 준다. 남자는 그 날 오후 여자에게 잔혹하고 매몰스럽게 굴었던 것을 후회했다.

'이 여자는 훌륭한 여자야. 참으로 멋진 여자지⋯⋯.'

이런 생각을 하다 그 남자는 문득 자기가 죽어 가고 있다는 생각이 번개처럼 스쳤다. 물결의 흐름이나 바람 같은 것이 아니라, 난데없이 고약한 냄새를 풍기는 공허의 습격 같았다. 그런데 이상하게도 하이에나가 그 공허의 한 끝을 따라 미끄러지듯 가볍게 스쳐 지나갔다.

"왜 그래요? 해리!"

"아무것도 아냐. 당신, 이쪽으로 오는 것이 좋겠어. 바람 부는 쪽으로 말이오."

"몰로가 붕대를 감아 주던가요?"

"응. 지금은 붕산으로 치료하고 있어."

"기분은 어때요?"

"머리가 조금 어지러워."

"목욕하고 얼른 올게요. 식사를 하고 침대를 안으로 들여 놓지요."

"이렇게 우리의 싸움은 끝났어. 싸움을 그만 둔 것은 참으로 잘한 일이야."

남자는 혼자서 중얼거렸다.

남자는 이 여자와는 그다지 싸움을 하지 않는 편이었다. 그가 사랑한 다른 여자들과는 무척 싸움을 많이 했다. 싸움으로 인해 함께 하는 시간과 함께 공유하는 것들이 적어졌다. 그는 너무 지나치게 사랑했고, 너무 많이 요구함으로써 둘 사이에 있던 많은 것들을 사라지게 했다.

그는 이스탄불로 혼자 갔던 때가 생각났다. 파리를 떠나기 전에 그는 싸움을 했다.

그 때는 계속 바람을 피웠고 돈을 주고 산 여자와 계속 잠자리를 함께 했다. 결국 그 짓을 그만두었지만, 쓸쓸한 마음을 달랠 길이 없고, 도리어 더 외로워진다는 것을 남자는 알고 있었다. 그래서 첫 번째 여자, 자기를 버리고 떠난 여자에게 아무래도 쓸쓸한 고독감을 달랠 수 없다는 편지를 써 보냈다.

어느 날, 레장스 근처에서 당신을 본 것 같았을 때, 아찔해지고 가슴이 답답해졌노라고 썼다. 당신과 닮은 여자가 있기에 쫓아가고 싶었지만 다른 사람이라는 것을 알게 될까 봐 두려웠고, 그 모습이 자기 자신에게 일어난 감정을 잃을까 봐 두려웠노라고 썼다.

같이 잠을 잔 여자는 당신을 잃은 쓸쓸함을 더욱 일깨워 줄 뿐이었다고 적었다. '당신이 내게 한 짓을 이젠 아무렇지도 않게 생각한다, 당신에 대한 사랑을 달랠 수 없다는 것을 알았다'라고 편지를 썼다.

그 남자는 이 편지를 말짱한 정신으로 클럽에서 썼고 뉴욕으로 보냈다. 답장은 파리의 사무실로 보내달라고 부탁했다. 그런 편이 안전하다고 생각한 것이다.

그리고 그날 밤, 그녀가 없는 쓸쓸함으로 가슴이 뻥 뚫린 것같이 허전하고 괴로워서, 술집 주변을 헤매다가 한 여자를 만나 저녁 식사를 하러 갔다. 그리고 춤을 추러 갔는데 여자가 춤을 잘 추지 못했다. 그래서 그 남자는 아르메니안 출신의 술집 여자로 갈아치웠다. 몸을 마구 비비면서 춤을 추던 그 여자는, 한바탕 소동을 일으켜 영국의 하위 포병 사관에게서 빼앗은 여자였다.

그 사관은 밖에 나가 결투를 해서 이긴 사람이 여자를 차지하자고 제안했다. 그 남자와 사관은 어두운 길거리에서 난투극을 벌였다. 남자가 사관의 턱을 두 번 강타했지만 사관은 항복하지 않았다. 그래서 본격적인 싸움을 각오해야 했는데, 포병 사관은 그 남자를 한방 먹였을 뿐만 아니라 눈 가장자리도 명중해서 때렸다.

그가 한 번 더 오른손을 휘둘러 강타를 먹이자 사관은, 그 남자 몸 위로 쓰러져 윗옷을 잡고 소매를 찢었다. 그는 사관의 귀 뒤를 두 번 때리고 난 다음 밀어제치면서 오른손으로 때려 눕혔다. 포병 사관은 머리를 박으며 쓰러졌다.

그 때 헌병이 오는 기척이 나서 남자는 여자를 데리고 도망쳤다. 두 사람은 택시를 타고 보스포루스 해협을 따라 비밀리에 차를 몰게 하여 한 바퀴 돌고 나서, 서늘한 밤 공기 속을 되돌아와 침대로 들어갔다.

여자는 겉모습과 마찬가지로 지나치게 무르익은 느낌이었다. 장미꽃잎처럼 싱싱한 살결을 가졌으며 부드럽고 탄력적인 몸이었다. 가슴도 적당히 부풀었고 허리도 날씬했다. 그러나 다음 날 아침, 밝은 햇살 속에서 보니 여자는 지저분했다.

여자가 깨어나기 전에 남자는 여자를 버려두고 밖으로 나왔다. 한쪽 눈에는 검은 멍이 들어 있었고, 한쪽 소매가 터진 윗옷을 팔에 걸치고 페라 팔레스로 갔다.

아나톨리아로 간 것은 그날 밤이었다.

여행이 끝날 무렵, 온종일 말을 타고 양귀비 밭을 지났다. 양귀비는 아편을 만들려고 재배하는 것인데, 나중에는 느낌이 이상해져서 감각마저 달라지는 것 같았다.

도착한 곳에서는 마침 아무 물정도 모르는 그리스 군 장교들이 막 도착해서 공격을 개시하고 있었다. 포병이 아군에게 포탄을 쏘아 대는 바람에 영국의 관전 무관(전쟁의 상황을 살피는 군인)은 어린아이처럼 울어 댔다.


그 남자는 발레풍의 스커트를 입고 솔이 달린 장화를 신고 있는 시체들을 그 날 처음 보았다. 터키 군대가 쉴새없이 떼를 지어 왔다. 스커트 입은 병사가 이리저리 달아나자 장교들은 그들을 향해 권총을 쏘아 댔다. 이어 장교들도 도망을 갔고, 그 남자도 관측 장교와 함께 도망쳤다. 입 안은 동전을 씹은 것처럼 냄새가 났으며 숨이 차서 견디기가 힘들었다.

그들은 바위 뒤에 숨었다. 터키 병은 여전히 떼를 이루어 쳐들어왔다. 그는 그 후에 상상할 수도 없는 끔찍한 광경을 두 차례나 보았다. 파리에 돌아왔을 때 그 이야기는 누구에게도 하지 않았다. 말하기에도 끔찍했기 때문이었다.

그가 다니던 카페엔 미국 출신의 시인이 있었다. 그 미국인 시인은 커피 잔을 앞에 놓고, 감자 모양의 얼굴에 멍청한 표정을 짓고 어떤 루마니아 사람과 다다이즘 운동(제1차 세계대전 말엽부터 유럽과 미국을 중심으로 일어난 예술 운동)에 관한 토론을 벌이고 있었다. 그 루마니아 사람의 이름은 트리스탄 차라였다. 그 사람은 언제나 한쪽 알만 있는 안경을 써서 두통을 앓고 있었다.

남자는 결국 아내의 아파트로 돌아갔다. 그는 아내를 다시 사랑하기 시작하였다. 싸움도, 미친 듯한 행동도 그만 하고, 이제는 안락한 가정에 안주하기를 원했다. 그리고 우편물을 사무실에서 아파트로 회송하도록 했다.

그러던 어느 날 아침, 그가 전에 편지를 보낸 그 여자한테서 온 회답이 쟁반 위에 놓여 있었다. 필적을 본 그는 가슴이 서늘해졌고, 그래서 그 편지를 다른 편지들 밑에 두어 아내가 보지 못하도록 했다. 그러나 아내는 그 편지를 보았다.

"어디서 온 편지예요? 누가 보낸 거죠?"

이렇게 해서 가정 안에서 안락을 얻으려던 그의 계획은 물거품이 되었다.


그는 여자들과 함께 지냈던 즐거웠던 시간과, 싸우던 일들을 회상해 보았다. 그들은 언제나 싸우기에 좋은 상소를 백했다. 그런데 참 이상하게도 기분이 가장 좋을 때 싸움을 하게 되었다.

그 남자는 이것에 대해 한 번도 글로 써 본 적이 없었다. 그 이유는 첫째로 그 사람이 누구든 남을 욕하기 싫었기 때문이다. 그리고 둘째는 싸움에 관한 이야기가 아니더라도 얼마든지 쓸 것이 많다고 생각했기 때문이다.

'그러나 언젠가는 쓸 날이 있겠지…….'

라고 남자는 생각했다.

사실 글로 쓸 것은 참으로 많았다. 그 남자는 이 세상의 변화를 늘 보았다. 단순히 사건만 본 것이 아니라 인간을 많이 관찰했다. 세월이 변함에 따라 인간이 어떻게 되어 가는지의 미묘한 변화를 그는 파악하고 있었다.

'변화하는 세상 속에서 살아왔고, 그것을 보고 관찰했기 때문에 그것

을 쓰는 거야. 쓰는 것이 바로 나의 의무야.'
라고 남자는 생각했다.
'그러나 이제는 그것마저도 어렵게 되었어.'
"기분이 좀 어때요?"
목욕을 마친 여자가 남자에게 물었다.
"아주 좋아."
"그럼 식사를 드릴까요?"
그녀 뒤에서 벌써 몰로가 접는 식탁을 들고 있었다. 그리고 소년 하
나가 수프가 든 접시를 들고 있었다.
"나는 글을 쓰고 싶어."
"수프라도 좀 드시고 쓰시는 게 어때요? 그래야 기운이 나지요."
"난 오늘 밤에 죽을 거야. 기운을 차려 봤자 소용 없다고."
"해리! 제발 그런 말 말아요. 멜로 드라마 같은 대사는 그만 해요."
"당신은 냄새가 나지도 않아? 도대체 당신 코는 무엇에 쓰는 거야?
벌써 내 허벅지는 반쯤 썩었단 말이야. 수프를 먹어 봤자 무슨 소용
이 있겠어? 몰로! 위스키 소다 좀 가져와."
"제발 수프를 드세요. 네?"
여자가 상냥하게 남자에게 권했다. 그러자 남자는,
"그래, 먹지."
하고 수프 그릇을 받았다.
수프는 너무 뜨거워서 식을 때까지 그릇을 들고 있어야 했다. 수프가
식자, 남자는 그럭저럭 토하지 않고 먹었다. 군소리도 하지 않고 다 먹
었다.
"당신은 멋진 여자야. 하지만 이제부터는 나에게 상관하지 마."
여자는 호감을 주는 따뜻한 얼굴로 남자를 바라보았다. 《스퍼》나 《타

운 앤 컨트리》잡지에서 흔히 나오는 얼굴 모습이었다. 다만 술과 잠자리 때문에 얼굴이 약간 수척해졌을 뿐이었다. 그러나 《타운 앤 컨트리》같은 데서도, 그 여자처럼 멋진 가슴과 예쁜 허벅지와 허리를 가볍게 애무하는 손을 보여 주지는 못했다.

남자는 그 여자의 아름다운 미소를 보자 다시금 죽음이 자기에게 가까이 오고 있다는 것을 느꼈다. 그것은 예를 들면, 촛불을 너울거리게 하고 불꽃을 활활 타오르게 하는 바람의 흔들림과 같이 불쑥 나타난 것이었다.

"나중에 아이들더러 모기장을 가져오라고 해서 나뭇가지에 매달아 줘. 그리고 불을 피워 주고. 오늘 밤은 텐트 속으로 들어가지 않을 거야. 맑게 갠 밤이니까 비가 오는 일은 없겠지."

'이와 같이 사람은 귀에 들리지 않는 속삭임 속에서 죽어 가는 것이다. 그래, 이젠 싸움도 없을 거야. 그것만은 약속할 수 있어. 이제까지 경험하지 못한 한 가지 경험만은 깨뜨리지 못할 거야. 아니, 모르지. 이것마저 깨뜨릴지도. 나는 모든 것을 늘 깨뜨려 왔잖아. 하지만 이젠 아니야. 무엇이든 엉망으로 만들지는 않을 거야.'

"당신, 내가 말하는 것을 받아 쓸 수 있겠어?"
"속기를 배운 적이 없는걸요."
"괜찮아."
물론 모든 것을 담을 시간은 없었다. 하지만 초점을 맞추어 잘 간추린다면 모든 것을 한 문장에 압축할 수 있을 것 같기도 했다.

호수 위 언덕에는 흰색 모르타르로 갈라진 틈을 칠한 통나무 오두막집 한 채가 있었다. 문 옆에는 장대가 서 있고, 식사 시간을 알리는 종이 거기에 매달려 있었다. 집 뒤에는 들판이 있고 그 들판 뒤는 숲이었다. 집에서부터 호숫가까지 롬바르디아 종 미루나무가 한 줄로 늘어서 있었다. 다른 미루나무들은 곶(바다나 호수로 가늘게 뻗어 있는 육지의 끝 부분)을 따라 늘어서 있었다.

길 하나가 숲을 따라 언덕으로 뻗어 있었다. 남자는 이 길을 걸으며 검은색 딸기를 땄다. 나중에 그 통나무 오두막집은 타 버렸다. 난로 위 벽의 총걸이에 걸려 있던 총도 그 때 함께 타 버리고 말았다.

나중에 보니 탄창의 탄환은 녹아 버렸다. 개머리판도 타서 총신이 잿더미 위에 아무렇게나 놓여 있었다. 그 재는 큰 쇠로 만든 솥에 들어가 세탁용 잿물을 만드는 데 썼다. 타다 남은 총신을 갖고 놀아도 되느냐고 할아버지께 물으면 안 된다고 했다. 타 버려서 쓸모 없는 총이 되었지만 그래도 자기 총이라는 뜻이다.

그 후 할아버지는 다시는 총을 사지 않았다. 뿐만 아니라 더 이상 사냥을 하러 나가시지도 않았다.

오두막집이 타 버리자 이번에는 널빤지로 다시 집을 짓고, 흰 페인트 칠을 했다. 문간에서는 미루나무와 건너편의 호수가 보였다. 그러나 총은 없었다.

통나무 오두막집 벽의 총걸이에 걸려 있던 총신이 잿더미 위에서 구르고 있었지만 누구 하나 손대는 사람이 없었다.

전쟁이 끝나고 슈바르츠발트에서 송어가 잡히는 강을 세낸 적이 있었다. 그 곳으로 가는 데는 두 갈래 길이 있었다. 하나는 트리베르크로부터 골짜기로 내려가는 길이었다. 하얀 길 옆에 자라고 있는 나무 그늘 골짜기를 돌아 언덕으로 뻗은 샛길로 올라가서, 슈바르츠발트 풍의 큰 집들이 있는 조그만 농장을 몇 개 지나면 낚시터에 이르렀다.

또 하나의 길은 숲 변두리까지 험한 언덕길을 올라가 소나무 숲을 뚫고 언덕 꼭대기를 넘어가는 것이다. 언덕 꼭대기를 넘으면 초원이 나오는데, 다시 이 초원을 가로질러 다리 쪽으로 내려오는 길이었다. 강변을 따라 벚나무가 자라고 있고 강폭은 그리 넓지 않았다. 하지만 물이 맑고 물살이 빨랐다. 벚나무 뿌리 밑, 물결에 파인 곳은 못이 생겨나 있었다.

트리베르크의 호텔 주인에게는 돈이 좀 벌리는 계절이었다. 매우 기분이 좋아지는 곳이라 모두 사이좋게 지냈다.

그 이듬해 불경기가 닥쳐왔다. 호텔 주인은 작년에 번 돈으로는 호텔을 운영할 여력이 없어 목을 매어 자살했다.

남자는 여자에게 여기까지 받아 쓰게 했다. 하지만 콩트르 스카르프 광장에 대한 일을 받아 쓰게 할 수는 없었다. 그 광장에서는 꽃 장수들이 길에서 꽃에 물을 들이고 있었다. 버스가 출발하는 부근의 길가까지 그 꽃물이 흘러나와 있었다.

근처에서는 언제나 노인과 아낙네들이 포도주나 값싼 브랜디를 마시고 취해 있었다. 추위 속에서 콧물을 흘리던 아이들, 카페 데 자마퇴르에 자욱하게 가득 찼던 지저분한 땀과 가난, 주정뱅이 냄새, 그리고 자기들이 묵고 있던 아래층에 있던 발 뮈제트의 창녀들, 자기 방에서 프랑스 공화군의 기병을 환대하던 문지기 여인, 의자 위에 놓여 있는 말총을 빳빳하게 세운 기병의 헬멧…….

복도 건너편 방에 세들어 사는, 자전거 경기 선수가 남편이라고 하는 여자, 그 여자가 그날 아침 우유 가게에서 《경륜 신문》을 펴 보고, 남편이 첫 출전한 파리와 투르 간의 경주에서 3등을 한 것을 알았고 기뻐하던 모습, 그녀는 얼굴이 벌겋게 되어 큰 소리로 웃으며 스포츠 신문을 손에 쥐고 환호성을 지르며 이층으로 올라갔다.

발 뮈제트를 경영하는 여자의 남편은 택시 운전 기사였다. 해리가 아침 일찍 떠나는 비행기를 탈 일이 생기면, 운전 기사인 남편은 문을 두드려 그를 깨워 주었다. 그들은 출발하기 전 주점의 함석 카운터에서 백포도주를 한 잔씩 마셨다. 이렇게 그는 부근 사람들과 잘 어울려 지냈다. 그것은 그들이 가난했기 때문이었다.

그 광장의 부근에는 두 종류의 인간이 있었다. 주정뱅이와 스포츠 열광자들이다.

주정뱅이는 술에 취해 자신의 가난을 잊었고, 스포츠 열광자들은 운동에 정신이 팔려서 자신의 가난을 잊었다. 그들은 파리 코뮌 당원의 자손들이었지만 정치적 문제로 옥신각신하는 일은 없었다. 그들은 자기들의 부모 형제, 그리고 친척과 친구를 누가 죽였는지를 잘 알고 있었다.

그 때는 베르사유 군대가 쳐들어와서 코뮌 정부의 뒤를 이어 파리를 점령한 후에 손이 거친 사람, 모자를 쓴 사람, 그 밖에 노동자 같아 보이는 사람들은 닥치는 대로 잡아서 처형했다. 그래서 그는 말고깃관과 포도주 협동조합 앞길 건너편 숙소에서 그러한 궁핍한 가운데 어떤 한 작품의 첫 부분을 썼던 것이다.

파리에서 가장 마음에 드는 곳은 바로 그 곳이었다. 가지가 쭉 뻗은 나무, 아래는 하얀 회칠이 벗겨진 낡은 집들, 둥근 광장에 서 있는 초록빛 긴 합승 차, 길 위로 흐르는 자줏빛의 꽃 물감, 카르디날르무앙 가 언덕에서 센 강으로 내려가는 가파른 비탈길, 그 반대편에 있는 무페타르 가의 좁고 혼잡한 지역, 팡테옹으로 올라가는 길과 그가 언제나 자전거를 타고 지나간 또 하나의 길, 그 길은 그 일대에서 하나밖에 없는 아스팔트 길이었다.

자전거는 포장이 된 그 길을 미끄럽게 굴러갔다. 높고 좁은 집들이 늘어섰고 폴 베를렌이 죽었다는 높은 건물의 싸구려 호텔도 거기에 있었다. 그들이 살고 있던 층의 아파트에는 빈 방이 두 개밖에 없었다. 그래서 아파트 맨 위층에 있는 방 하나를 월 60프랑의 세를 주고, 그 곳에서 글을 썼다. 그 방에서는 시내의 지붕과 굴뚝, 그리고 파리의 모든 언덕이 보였다.

또 아파트에서는 숯가게가 보였다. 그 가게에서는 포도주도 팔았는데 그 포도주 맛은 형편 없었다. 말고기를 파는 가게 앞에는 금빛으로 칠한 말머리가 걸려 있고, 열린 창문에는 누런빛을 띤 붉은 말고기가 걸려 있었다.

그들이 언제나 포도주를 샀던 녹색 페인트 칠을 한 협동 조합도 보였다. 술은 그럭저럭 괜찮았고 술값도 쌌다. 그 밖에 외벽과 이웃집의 창문이 있었다.

이 곳 일대는 겉으로 보기에는 밤에 길거리에 취해 누운 사람이 없어 보였다. 하지만 창문을 열면 혀 꼬부라진 프랑스 말이 넘쳐났다. 그 술에 취한 소리들은 흥얼거리기도 하고 투덜거리기도 했다.

"순경은 어디를 가셨나? 필요 없을 땐 곧잘 나타나면서 말이야. 자식! 아마 어느 문지기년하고 자빠져 자고 있을 거야. 담당자를 불러 와!"

그러면 누군가가 창을 열고 물 한 동이를 그 술 취한 사람에게 끼얹는다. 그러면 투덜거리는 소리는 멈추었다.

"저게 뭐야? 물인가. 머리가 꽤 좋은데."

그 소리가 들리면 창문은 닫혔다.

그가 데리고 있던 가정부 마리라는 여자는, 여덟 시간 동안 일하는 것이 여자들에게 불리하다며 짧아진 노동 시간을 반대했다.

"남편은 여섯 시까지 일을 하면, 돌아오는 길에 한 잔 하더라도 조금만 마시게 되죠. 그러니 돈도 많이 쓰지 않지요. 그런데 다섯 시까지만 일하니까 남편은 밤마다 술에 취해서 돌아와요. 한 푼도 없는 빈털터리가 돼서 말이죠. 노동 시간을 줄여서 고생하는 것은 노동자의 여편네라니까요."

"수프 좀 더 드실래요?"

여자가 물었다.

"그만 됐어. 아주 맛있었어."

"조금만 더 드시지 그래요?"

"위스키 소다를 마시고 싶어."

"몸에 좋지 않아요."

"'내 몸에 좋지 않다.' 라는 문구를 콜 포터(미국의 유행가 작가)가 유행가로 만들었지. '당신이 나에게 열중하고 있는 줄 아는 것은…….'"

남자는 콜 포터가 만든 노래를 불렀다.

"나도 당신에게 위스키를 드리고 싶긴 해요."

"그야 그렇겠지. 내 몸에 좋지 않아서 말린다는 걸 알아."


'이 여자가 가 버리면…….'

하고 남자는 생각했다.

'이 여자가 가 버리면 내가 좋아하는 것을 무엇이든 할 수 있을 거야. 당장 술을 마실 수 있겠지. 이 여자가 가 버리면 내가 좋아하는 것을 가질 수 있겠지. 아하……. 나는 지쳤어. 너무 지쳤어. 이젠 좀 자야겠어. 그냥 가만히 누워 있고 싶어.'

남자는 가만히 누웠다. 죽음은 어느덧 그 곳에 없었다. 다른 거리로 가 버린 것일까. 죽음은 자전거를 타고 포장된 도로를 소리 없이 달리고 있었다.

그렇다. 그는 아직 파리에 대해서 한 번도 써 본 적이 없었다. 늘 마음에 간직하고 있는 파리에 대해서 말이다. 그러면 아직 한 번도 써 본 일이 없는 다른 일에 대해서는 왜 쓰지 않은 것일까?

그 목장은? 그리고 은회색의 쑥이며 관개용 도랑의 빠르고 맑은 물결은? 짙은 초록빛의 토끼풀에 대해서는 쓴 적이 있던가?

산길은 오르막이 되어 조그만 산속으로 통했다. 여름이 되면 소들은 사람처럼 겁이 많아졌어.

가을이 되어 소들을 산에서 쫓아 내려보낼 때의 울음소리, 끊임없이 소리와 먼지를 일으키며 느릿느릿 움직이는 소 떼, 해질 무렵의 빛을 받아 선명하게 떠오르는 높은 산의 봉우리……

달빛을 받으면서 말을 타고 산길을 내려가노라면 골짜기 저쪽까지 훤해졌다. 어두운 숲을 지날 때 앞이 보이지 않아서 말꼬리를 잡고 내려왔던 일도 생각났다. 그리고 그가 글감으로 쓰려고 했던 모든 이야기와 장면들이 차례로 생각났다.

그때 아무도 마른 풀을 주어서는 안 된다는 주의를 받은 좀 모자라는 소년 일꾼과, 사료를 좀 훔치려고 들린 포크 가의 고약한 늙은이가 생각났다.

그 늙은이는 소년을 자기가 부리고 있을 때 잘 때렸다. 소년이 늙은이에게 마른 풀을 가져가면 안 된다고 말하자 노인은 또 소년을 때리겠다며 무섭게 굴었다.

그러자 소년은 부엌에서 라이플 총을 꺼내어 헛간으로 들어가려는 노인을 쏘았다.

모두 목장에 돌아온 것은 늙은이가 죽은 지 일주일이 지나서였다. 시체는 우리 속에서 꽁꽁 얼어 있었다. 죽은 늙은이의 몸의 일부를 개들이 뜯어먹어 없어져서 시체의 나머지 부분을 담요로 싸고 끈으로 묶어 썰매에 실었다.

소년이 그 일을 거들었다. 그리고 소년과 그는 스키를 신고 고개를 타고 내려와 60마일이나 떨어진 마을로 갔다. 그리고 그는 소년을 경찰에 인계했다.

소년은 자기가 체포되리라고는 전혀 생각하지 못했다. 자기는 자기의 의무를 다한 것이며 둘은 친구라고 믿고 있었다. 따라서 체포가 아닌 무슨 보상이라도 받을 줄 알았다. 늙은이의 시체를 운반하는 일을 도운 것도, 노인이 얼마나 악했는지도, 어떻게 자기 것도 아닌 사료를 훔치려고 했는지를 모두들 알고 있을 것으로 생각했었다. 그래서 경찰관이 쇠고랑을 채웠을 때 소년은 도무지 그것을 실제로 받아들일 수가 없었다. 소년을 울음을 터뜨렸다.

이 이야기는 그가 쓰지 않고 뜸을 들이고 있던 소재 중의 하나였다. 거기에서 좋은 단편이 적어도 스무 편 이상은 나오리라고 생각했다. 그러나 그는 한 편도 쓰지 않았다. 왜 그랬을까?

"왜 내가 그 이야기를 쓰지 않았을까?"
남자는 여자에게 물어보았다.
"뭘 말씀하시는 거예요?"
여자는 남자의 뜬금없는 물음에 대답했다.
"아무것도 아니야."

그 남자를 만나고부터 여자는 술을 많이 마시지 않았다. 그러나 남자는, 다행히 살아난다 하더라도 이 여자에 대해서는 글을 쓰지 않겠다고 생각했다.

그는 자기가 그럴 거라는 사실을 잘 알고 있었다.

'다른 여자에 관해서도 쓰지 않으리라. 도대체 돈이 많은 놈들은 우둔하거나 과음을 하거나, 혹은 노름을 너무 많이 한단 말야. 심심하고 지루하기 때문에 그러는 거야.'

라고 남자는 생각했다.


남자는 가난한 줄리언이 생각났다.

줄리언은 부자에 대해 로맨틱한 외경심을 갖고 있었다.

어느 날인가 줄리언은 '돈 많은 사람들은 당신이나 나와는 다른 족속이다' 라는 첫 구절로 시작되는 소설을 쓰려고 한 적도 있었다. 그랬더니 누군가가 줄리언에게 이렇게 맞장구쳤다.

"그렇고말고. 그 사람들은 우리보다 부자니까."

하지만 줄리언은 그 사람의 말을 농담으로 받아들이지 않았다. 줄리언은 부자들이 뭔가 특별한 매력을 지닌 사람들이라고 생각했는데 그렇지 않다고 말하는 바람에 기분이 나빠졌다. 그것은 다른 어느 것보다 그의 기분을 언짢게 했다.

그리고 기력을 잃었다.

그는 기력을 잃은 사람을 경멸했다. 사람이 한 가지 일을 이해했다고 해서 그것을 좋아할 필요는 없다.

그는 무슨 일이든 이겨 낼 수 있다고 생각했다. 왜냐하면 무슨 일에든 관심을 두지 않는다면 그것이 자기를 괴롭힐 수 없을 거라고 생각했기 때문이다.


'그래, 죽음을 걱정하지 말자. 지금까지 끊임없이 두려워해 온 것은

고통이었어. 나는 고통을 견딜 수 있어.'

남자는 자기의 고통에 대해서 마음을 고쳐먹기로 했다. 그는 자기에게 무섭게도 고통을 주는 무엇이 있다는 것을 알았다. 그러나 그것이 자기를 파괴할지도 모른다는 생각을 하자, 일순간에 그 고통이 뚝 멈춰 버렸다.

남자는 아주 오래 전 일이 생각났다. 적에게 폭약을 던지는 척탄병 장교인 윌리엄슨이 독일군 순찰대의 한 사람이 던진 수류탄에 맞았을 때의 일이다.

윌리엄슨은 비명을 지르면서 자기를 죽여 달라고 애원했다. 약간 허풍을 치는 버릇이 있는 윌리엄슨이었지만, 뚱뚱한 몸에 대단히 용감하고 훌륭한 장교였다.

그러나 윌리엄슨은 그날 밤 철조망에 걸렸다. 탐조등에 노출되었고 철조망 가시에 걸려 창자가 나왔다. 윌리엄슨을 후송할 때, 그는 아직 살아 있었지만 몸을 잘라 내야만 했다.

"해리! 나를 총으로 쏘아 죽여 줘. 제발 죽여 줘!"
라고 윌리엄슨은 그 남자에게 부탁을 했었다.

어느 때인가 '주님은 사람들에게 견딜 수 있는 고통만 주신다.' 라는 문제로 토론한 적이 있었다. 그것은 적당한 때가 오면 고통은 자연스럽게 사라진다는 뜻이라고 주장한 사람도 있었다.

그러나 그는 언제나 그날 밤 윌리엄슨의 일이 잊혀지지 않았다. 그가 자기가 사용하려고 간직해 두었던 모르핀 정제를 전부 다 주었지만, 윌리엄슨은 고통에서 좀처럼 벗어나지 못했다.

사실 모르핀은 즉시 효험이 없었다.

그는 지금 자기가 겪고 있는 이 정도의 고통은 아무것도 아니라고 생각했다. 이러한 상태가 계속되더라도 그 이상 악화되지 않는다면 조금도 걱정할 것이 없었다. 다만 좀더 나은 사람들과 함께 하고 싶은 마음만 있었다.

그리고 그는 같이 있고 싶은 사람들에 대해 생각해 보다가 문득 그런 생각은 좋지 않다고 느꼈다.

무엇이든 하고, 이미 때가 늦었는데도 모두들 거기에 있어 달라고 생각하는 것은 뻔뻔스런 일이라고 생각했기 때문이다. 그 사람들은 모두 떠났고, 파티는 끝난 것이다. 남은 것은 자기와 여자뿐이라는 것을 그는 깨달았다.

그는 모든 것이 귀찮아져서 죽는 것마저 귀찮아졌다.

"귀찮아!"

남자는 소리내어 말했다.

"뭐가 귀찮아요?"

"무슨 일이든 너무 오래 하면 귀찮아진단 말이야."

남자는 자기와 모닥불 사이에 있는 여자의 얼굴을 바라보았다.

여자는 의자 등에 기대고 있는데, 윤곽이 예쁜 그녀의 얼굴을 불꽃이 비추고 있었다. 그녀에게 슬슬 졸음이 온다는 것을 알 수 있었다. 모닥불 빛이 닿지 않는 어두운 곳에서 하이에나의 으르렁거리는 소리가 들렸다.

"……?"

"소설을 쓰고 있었어. 마음속으로 말야. 그런데 그것도 이제 지쳤어. 너무 피곤해."

"주무실 수 있을 거 같아요?"

"그럼. 당신은 왜 안 자?"

"당신과 함께 여기에 앉아 자고 싶어요."

"무슨 이상한 느낌이 들지 않아?"

"아뇨. 조금 졸릴 뿐인데요."

"그래? 나는 좀 이상한 느낌이 들어."

남자는 죽음이 자기에게 가까이 다가오는 것을 느낀 것이다.

"내가 지금까지 한 번도 잃은 적이 없는 것이 뭔지 알아?"

"……?"

"그건 호기심이야."

"당신은 지금까지 아무것도 잃지 않았어요. 당신은 내가 아는 사람 가운데 가장 완벽한 남자인걸요."

"원, 실없는 소리!"

그 때 그는 죽음이 다가와서 침대 다리에 머리를 기대는 것을 보았다. 그리고 죽음의 숨소리를 들었다.

"죽음의 신이 반드시 커다란 낫과 해골을 가지고 있는 것은 아니야. 때로는 자전거를 탄 두 경찰의 모습일 때도 있고, 날아다니는 새의 모습일 때도 있어, 또는 하이에나처럼 큼직한 코를 가지고 있을 때도 있고."

남자는 여자에게 이렇게 가르쳐 주었다.

죽음은 그에게로 다가오고 있었다. 형상도 없이 공간을 차지하고 있었다.

"저리 가라고 말해 주구려."

하지만 죽음은 그에게서 멀리 떠나가기는커녕 더욱 가까이 다가왔다.

남자는 죽음에게 말했다.

"넌 지독한 숨을 쉬고 있구나. 아주 고약한 냄새를 풍기면서 말야."

죽음은 더 가까이 그에게 왔다.

이제는 죽음에게 말할 기운도 없다. 말을 못하는 것을 알자, 죽음이 조금씩 더 가까이 그에게로 다가왔다.

말없이 죽음을 쫓아 내려고 했지만 그것은 더욱더 덮쳐 와 그 무게가 가슴을 짓눌렀다. 죽음이 가슴에서 웅크리고 앉아 그는 움직일 수도 없었고, 말을 할 수도 없었다.

그 때 여자의 목소리가 들렸다.

"주인님이 잠드셨으니 침대를 살짝 들어서 텐트 속에다 들여다 놓아라."

죽음을 쫓아달라고 여자에게 말하고 싶었지만 소리가 나오지 않았다. 죽음이 남자를 더욱 무겁게 짓눌러 숨을 쉴 수도 없었다.

그 때 사람들이 와서 침대를 들어올렸다. 침대를 들어올렸을 때 남자는 갑자기 편안해져 더 이상 가슴이 답답하지 않았다.


남자는 깊은 잠에 빠져들었다. 다시는 깨어날 것 같지 않은 깊은 잠이었다. 그는 꿈을 꾸었는데, 아주 행복한 꿈이었다.

아침이 되었다. 날이 밝은 지 오래 되었다. 그는 비행기 소리를 들었다. 비행기는 처음에는 아주 조그맣게 보이더니 점점 널따란 원을 그리며 가까이 다가왔다.

소년들은 뛰어나가서 등유로 불을 지르고 그 위에 마른 풀을 쌓아올렸다. 그러자 평탄한 지면의 양쪽 끝에 커다란 연기의 표지가 둘이나 생겼다.

아침의 산들바람이 그 연기를 캠프로 불어 보냈다.

비행기가 다시 두어 번 아주 낮게 원을 그렸다. 이윽고 미끄러지듯이 하강하여 기체를 수평으로 하여 흔들리지 않고 착륙했다.

텐트 쪽으로 걸어오는 사람은 그의 옛 친구인 콤프턴이었다. 느슨한 바지를 입고 트위드의 재킷에 다갈색 펠트 모자를 쓰고 있었다.

"어떻게 된 건가? 자네!"

친구가 말했다.

"다리를 다쳤네. 아침을 좀 먹게나."

"차나 마시겠네. 보시다시피 내가 몰고 온 건 잠자리 비행기야. 부인이 함께 타는 것은 곤란하네. 한 사람이 탈 자리밖에 없거든. 그래도 트럭이 중간까지 와 있네."

여자는 콤프턴을 옆으로 데리고 가 뭐라고 얘기했다. 콤프턴은 좀전보다 명랑한 표정이 되었다.

"우선 자네를 데리고 가겠네. 부인은 나중에 데리러 오지. 그런데 연료를 보급하기 위해 아루샤에 들려야 될지도 몰라. 하여튼 곧 출발하는 게 좋아."

"차는 어떻게 할 텐가?"

"차는 나중에 마시지 뭐."

소년들이 침대를 메고는 녹색 천막을 들고 바위를 돌아내려가 평지로 남자를 운반했다. 밝게 타고 있는 모닥불 근처를 지나면서 보니, 건초가 바람에 한창 타오르고 있었다.

소형 비행기가 있는 곳에 이르렀다.

그를 비행기에 태우기가 몹시 어려웠지만, 일단 비행기 안으로 들어간 그는 가죽 좌석에 몸을 기대고 다리를 친구의 좌석 한쪽 옆으로 쭉

폈다.

콤프턴은 비행기의 시동을 걸었다. 그는 여자와 소년에게 손을 흔들었다. 부릉부릉하는 소리가 귀에 익은 엔진 소리로 변하고 기체가 빙그르르 돌았다.

콤프턴은 멧돼지가 파 놓은 구멍이 없나 하고 두리번거렸다. 기체는 소리를 내며 흔들리더니 두 개의 모닥불 사이의 평탄한 들판을 달리다가 마지막으로 흔들거리며 공중으로 떠올랐다.

그는 밑에 있는 사람들이 손을 흔드는 것을 보았다. 언덕 옆 캠프가 납작하게 보였다. 저쪽으로 멀리 펼쳐진 평원이 보였다. 나무가 울창한 숲과 덤불도 모두 납작하고 작게 보였다. 그런가 하면 미끈한 사냥길이 메마른 물웅덩이로 연결되어 있었다.

지금까지 한 번도 보지 못했던 강이 보였다. 얼룩말은 등만이 조그맣게 보였다. 긴 손가락같이 벌판을 질주하는 코뿔소 떼도 보였다. 커다란 머리가 느릿느릿 기어오르고 있는 것같이 보였다.

비행기의 그림자가 동물들에게 다가가면 동물들은 후닥닥 흩어졌다. 평원은 온통 누르스름한 잿빛이었다. 눈앞에는 눈에 익은 콤프턴의 트위드를 입은 등과 다갈색 펠트 모자가 보였다.

그 때 비행기는 첫 번째 언덕 위를 지나갔다. 코뿔소 떼가 그의 뒤를 따라 달렸다. 짙은 녹색의 숲이 솟아 있는 산을 넘고, 대나무가 무성한 비탈진 산 위를 날았다. 그리고는 산봉우리와 골짜기로 굴곡이 진 울창한 산림을 지나가니 언덕이 비스듬히 낮아지면서 또 하나의 평원이 나타났다.

열기 때문에 무척 더웠고, 평원은 보랏빛을 띤 갈색으로 보였다. 비행기는 심하게 움직였다. 콤프턴은 해리가 어떤지를 보기 위해 돌아보았다.

그 때 거무스름한 산맥이 눈앞에 펼쳐졌다.

그런데 비행기는 아류샤로 향하여 날지 않고 왼쪽으로 방향을 돌렸다. 분명, 연료는 넉넉한 모양이었다.

아래를 내려다보니 체로 친 듯한 분홍색의 엷은 구름이 떠돌고 있었다. 그것은 어디서 왔는지 모르는 눈보라의 첫눈과도 같았는데 남쪽 지방으로부터 날아온 메뚜기 떼였다. 비행기는 오르기 시작했고 동쪽을 향해 날고 있는 것 같았다.

잠시 후 비행기 주위가 어두워지고 폭풍우 속으로 들어갔다. 비가 억수같이 쏟아져 내렸다. 마치 폭포 속을 뚫고 나가는 것 같았다.

마침내 비행기는 그 곳을 빠져 나왔다. 콤프턴은 고개를 돌려 해리를 보고 싱긋 웃으며 손가락으로 무언가를 가리켰다.

그 곳에는 거대하고 높은 킬리만자로의 네모 모양의 꼭대기가 햇빛을 받아 빛나고 있었다. 그 꼭대기가 햇빛 때문에 믿을 수 없을 만큼 하얗게 보였다.

순간 남자는 자기가 가고 있는 곳이 바로 저 곳이라는 것을 깨달았다. 그 곳에는 영원한 안식이 기다리고 있을 것 같았다.


바로 그 때 하이에나가 밤의 어둠 속에서 킹킹거리는 소리를 내다 말고 이상하게 울고 있었다. 하이에나는 거의 인간처럼 소리를 내기 시작했다.

여자는 그 울음소리를 듣고 불안한 몸짓을 했다. 꿈 속에서 그녀는 롱아일랜드의 집에 있었다. 자기 딸이 사교계에 데뷔하기 전날 밤이었고, 웬일인지 딸의 아버지가 거기에 있었다. 그 아버지는 몹시 퉁명스럽게 굴었다.

그 때 하이에나의 울음소리가 커지면서 여자는 잠에서 깼다. 여자는

한동안 자기가 어디에 있는지 몰랐다. 몹시 불안했다. 마침내 그녀는 전등을 집어 들어 반대편 침대를 비추어 보았다.

해리가 잠든 후에 여럿이서 들여다 놓았던 것이다. 모기장 속으로 남자의 몸이 보였는데 어떻게 된 일인지 다리가 침대 옆에 늘어뜨려져 있었다. 붕대가 죄다 흘러내려서 그녀는 그것을 오래 쳐다볼 수 없었다.

"몰로!"
그녀는 소리질렀다.
"몰로! 몰로!"
계속해서 그녀는 몰로를 불렀다.
그리고 이번에는 남자의 이름을 불렀다.
"해리! 해리!"

목소리가 점점 커졌다.

"해리! 해리!"

대답도 없고 숨소리도 들리지 않았다.

텐트 밖에서 하이에나가 아까 그녀의 잠을 깨웠을 때처럼 기괴한 울음소리를 냈다. 그러나 그녀는 가슴이 울렁거려서 그 소리도 들리지 않았다.

## 작품 알아보기
### (장편문학)

〈노인과 바다〉는 간결하고 힘있는 문체로 씌어졌다. 이 작품이 지닌 비유적인 의미를 생각하면서 읽으면 많은 깨달음을 얻을 수 있을 것이다.

늙은 어부 산티아고는 멕시코 만류의 바다에 배를 띄워 놓고 고기잡이를 하지만 84일 동안 한 마리도 낚지 못한다. 어느 새 바다 멀리까지 나온 산티아고에게 85일째 되던 날 드디어 거대한 물고기가 걸려 물고기와 이틀간의 사투를 벌인다. 그러는 동안 노인의 몸은 심한 상처를 입지만 결국 물고기를 잡게 된다. 하지만 얼마 후, 상어 떼의 습격을 받게 되고 노인은 물고기를 지키기 위해 또다시 치열한 싸움을 벌이지만 무자비한 상어들이 거대한 물고기를 모두 먹어치우고 만다. 항구로 돌아온 노인의 배에는 물고기의 앙상한 뼈만 남아 있었다.

작가는 〈노인과 바다〉를 통해 삶이 아무리 비극적이고 환멸뿐이라 해도 인간은 승리자가 되어야 하며, 세상은 싸울 만한 가치가 있는 곳임을 바다와의 싸움을 통해 보여 주고 있다. 산티아고 노인은 뼈만 남은 물고기만 싣고 온 게 아니라 죽음과도 대결을 벌일 수 있는 진정한 용기와 인간의 존엄성도 함께 싣고 온 것이다.

# 작품 알아보기
## (장편문학)

〈**킬리만자로의 눈**〉은 헤밍웨이가 28세에 발표한 소설로, 아프리카 오지에서 사고를 당해 다리가 썩어 들어가며 죽음을 앞둔 한 소설가가 그의 애인과 나누는 대화로 이루어져 있다. 죽음을 앞둔 그들의 대화는 킬리만자로의 만년설과, 그 곳에서 얼어죽은 표범의 일화가 더해져 문학 작품만이 가질 수 있는 독특한 죽음의 미학을 완성시킨다. 그와 함께, 죽음을 앞둔 남자가 죽기 전에 쓰고 싶었던 소설의 장면들이 회상의 형식을 빌어 액자로 삽입되어 있다.

죽음을 앞둔 남자는 그 동안 계획했던 것들, 하지 못했던 것들을 떠올리며 아쉬워한다. 하지만 결국은 스스로 죽음을 인정하고 당당하게 죽음을 향하여 걸어 들어간다. 숨이 끊어지기 직전, 남자는 자신을 태우러 온 친구의 비행기를 만나 그 비행기에 오르고 병원으로 향한다. 그러나 비행기는 만년설로 뒤덮인 킬리만자로 산 정상으로 향한다. 그를 죽음으로 안내하는 것은, 그를 병원으로 안내하기 위해 출발한 비행기의 형식을 빌어 나타났던 것이다.

# 논술 길잡이
### (장편문학)

❶ 노인은 바다에서 고기를 잡으며 다음과 같이 중얼거린다.
  노인이 이런 혼잣말을 하게 된 이유는 무엇인지 써 보자.

"내가 이렇게 혼자서 지껄이는 것을 누가 들으면 날 정신이 돌았
다고 할거야. 하지만 난 멀쩡하니까 무어래도 좋아."

.............................................................................................

.............................................................................................

.............................................................................................

.............................................................................................

.............................................................................................

.............................................................................................

.............................................................................................

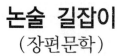

# 논술 길잡이
### (장편문학)

❷ 이 작품에서 어떤 사람들은 바다를 여성에 비유하여, 때로는 어려움을 주기도 하지만 커다란 은혜를 베푸는 존재로 생각한다. 또 다른 사람들은 바다를 남성에 비유하여, '투쟁 상대'나 '일터'로 여긴다. 바다에 갔던 경험을 떠올려 보고, 이에 대한 '나'의 생각을 글로 적어 보자.

.........................................................................

.........................................................................

.........................................................................

.........................................................................

❸ 노인은 바다에서 며칠 동안 밤낮으로 고기와 싸우다가 마침내 고기를 잡게 된다. 목표를 이루기 위해 포기하지 않는 노인의 끈기있는 모습을 보고 무엇을 느꼈는지를 글로 써 보자.

.........................................................................

.........................................................................

.........................................................................

.........................................................................

# 논술 길잡이
(장편문학)

❹ 다음은 바다에 나갔던 노인이 항구에 돌아온 장면을 묘사한 부분이다. 애써 잡은 고기가 상어 떼의 습격을 받아 뼈만 남은 것을 볼 때 노인의 심정이 어떠했을지 상상해서 써 보자.

> 노인은 돛대를 내리고 돛을 감아 묶었다. 그리고는 돛대를 어깨에 메고 언덕을 올라가기 시작했다. 그 때에 비로소 그는 자신이 얼마나 지쳤는지를 알았다. 잠깐 발을 멈추고 뒤를 돌아보았다. 고기의 커다란 꼬리가 가로등 불빛의 반사로 뒤편에 빳빳이 서 있는 것이 보였다. 노출된 등뼈의 뚜렷한 선과 삐죽한 주둥이를 가진 머리의 검은 덩어리가 보이고 그 사이는 아무것도 없었다.

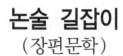

# 논술 길잡이
## (장편문학)

❺ 아래 그림은 〈노인과 바다〉의 주요 장면을 나타낸 것이다.
순서대로 나열하고 이야기를 연결하여 줄거리를 써 보자.

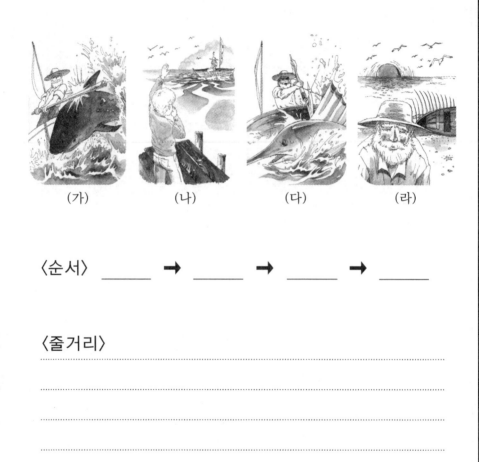

(가)        (나)        (다)        (라)

〈순서〉 _____ ➜ _____ ➜ _____ ➜ _____

〈줄거리〉

# 논술 길잡이
## (장편문학)

❻ 〈노인과 바다〉에서 노인은 온 힘을 다하여 커다란 고기를 잡지만, 상어 떼의 습격을 받아 결국 빈 손으로 돌아오게 된다. 이러한 결말을 통해 지은이가 말하고자 하는 것은 무엇일지를 생각해 보고 써 보자.

_____

_____

_____

_____

❼ 소년은 노인이 84일 동안 고기를 한 마리도 잡지 못했지만, 노인을 최고의 어부라고 여기며 믿고 따른다. 소년은 노인의 어떤 점을 존경하는 것인지를 생각해 보고 써 보자.

_____

_____

_____

_____

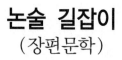

# 논술 길잡이
## (장편문학)

❽ 〈노인과 바다〉에서 가장 인상 깊었던 장면을 떠올려 보자.
그리고 그 장면을 친구에게 말해 주는 형식으로 써 보자.

<br>
<br>
<br>
<br>

❾ 〈노인과 바다〉는 단지 소박한 한 어부의 일화로 그칠 수도
있지만, 풍부한 상징과 깊은 사상을 담고 있기 때문에 오늘
날까지 크게 평가받고 있다. 이 작품에서 '바다'가 뜻하는
것과 '고기를 잡는 행위'가 의미하는 것이 무엇인지 써 보
자.

# 논술 길잡이
(장편문학)

❿ 〈킬리만자로의 눈〉에서 여자와 남자는 서로에 대해 어떻게 생각하고 있는지를 대화와 행동을 통해 유추해 보고 쓰라.

-------

-------

-------

-------

⓫ 〈킬리만자로의 눈〉에서 남자는 결국 죽게 된다. 남자가 죽음에 이르게 된 원인이 무엇인지 찾아 써 보자.

-------

-------

-------

-------

-------

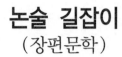

# 논술 길잡이
## (장편문학)

⓬ '헤밍웨이'에 대해 조사해 보고, 그의 대표적인 작품을 세 가지 이상 써 보자.

..................................................................................

..................................................................................

..................................................................................

..................................................................................

..................................................................................

⓭ 헤밍웨이의 다른 작품인 〈무기여 잘 있거라〉를 읽어 보고, 그 줄거리를 요약하여 써 보자.

..................................................................................

..................................................................................

..................................................................................

..................................................................................

..................................................................................

..................................................................................

# 논·술·세·계·대·표·문·학 〈전60권〉

| | |
|---|---|
| 펴 낸 이 | 정재상 |
| 펴 낸 곳 | 훈민출판사 |
| 주    소 | 경기도 고양시 덕양구 원당동 416번지 |
| 대 표 전 화 | (031)962-3888 |
| 팩    스 | (031)962-9998 |
| 출 판 등 록 | 제395-2003-000042호 |